Henri DARAGON

LE PRÉSIDENT
FÉLIX-FAURE en RUSSIE

Réceptions officielles

Enthousiasme populaire

Bibelots, Chansons, Affiches
(8 planches hors texte)

La Fête de l'Alliance à Paris

*Ouvrage illustré des Portraits du Président de la République
et de l'Empereur de Russie*

❋

PARIS
Henri JOUVE, Éditeur
15, rue Racine

A LA MÊME LIBRAIRIE

LE TSAR A PARIS EN 1896

PAR **H. DARAGON** ET **E. DOLIS**

DÉCORATION PUBLIQUE ET PRIVÉE

Industrie du Bibelot

Ouvrage illustré de 18 planches hors texte.

1 volume, prix.................................... **5** fr.

HENRI DARAGON

LE
PRÉSIDENT FÉLIX FAURE
EN RUSSIE

OUVRAGE ILLUSTRÉ DE 8 PLANCHES HORS TEXTE
D'UN PORTRAIT DU PRÉSIDENT DE LA RÉPUBLIQUE
ET D'UN PORTRAIT DE L'EMPEREUR DE RUSSIE

PARIS

HENRI JOUVE, ÉDITEUR

15, Rue Racine, 15

INTRODUCTION

INTRODUCTION

Avant de signaler dans tous ses détails le voyage du Président de la République française en Russie, il est intéressant de rendre compte de l'impression produite en France par le séjour des Souverains russes à Paris en octobre 1896.

L'Empereur et l'Impératrice de Russie n'avaient point encore franchi la frontière qu'une dépêche arrivait au Président de la République pour le remercier de l'hospitalité qui leur avait été généreusement donnée pendant leur séjour en France. Dépêche à laquelle M. Félix Faure répondait en envoyant avec les siens les vœux de la nation tout entière.

1

Cet échange de correspondance courtoise, qui devait par la suite être suivi de beaucoup d'autres marques de sympathies produisit en France la meilleure impression.

Quelques jours après l'arrivée à Saint-Pétersbourg nous apprenions que par ordre de Sa Majesté l'Empereur, un arrêté du Ministre de l'Intérieur suspendait pour un mois le journal « Le Gradjanine » pour infraction aux convenances envers une nation amie le 19 octobre 1896.

Le 24 novembre a lieu l'inauguration par l'Empereur de l'Exposition des œuvres d'art français au profit des sœurs de la Croix Rouge Russe pendant que l'orchestre de l'Institut du prince d'Oldenbourg joue simultanément l'*Hymne Russe* et la *Marseillaise*.

Lors de la visite impériale au Panthéon l'Empereur de Russie avait fait part à madame Carnot de tous les regrets qu'il éprouvait que la couronne commandée pour être déposée sur la tombe du regretté président n'ait point été terminée. Le 3 novembre M. le baron de Morenheim se rend au Panthéon et dépose au nom de Sa Majesté l'Empereur cette couronne en émail et argent doré dûe à MM. Ardokolsky et Falize, elle mesure un mètre dé diamètre et pèse 25 kilogrammes, l'écusson en forme de cœur porte ces mots : « A Carnot. Nicolas II. »

L'Empereur et l'Impératrice ont voulu que toutes les personnes qui leur avaient été plus particulièrement dévouées pendant leur séjour en France, reçussent un souvenir de leur part.

Aussi les cadeaux qui arrivèrent de Russie furent-ils très nombreux. Combien de familles sont heureuses de posséder dans leurs salons des joyaux d'une si noble provenance !

Les seize jeunes filles du haut commerce parisien qui eurent l'honneur d'offrir des fleurs à l'Impératrice le jour de l'inaugura-

tion du pont Alexandre III reçurent chacune
dans un cadre richement doré les portraits
du Tsar, de la Tsarine et de la gracieuse
Grande Duchesse Olga.

Les soldats qui firent partie de l'escorte
impériale furent gratifiés d'une médaille
commémorative en argent représentant
l'Empereur Nicolas II. Cette médaille se
porte suspendue à un ruban blanc et rouge
du plus bel effet. Nos soldats sont fiers de
la porter et ne manquent point les jours de
sortie de faire de nombreux envieux parmi
ceux qui les coudoient.

Personne dans ce flot de souvenirs n'a été
oublié, le mécanicien et le chauffeur qui ont
conduit le train impérial jusqu'à Pagny-sur-
Moselle ont reçu chacun une montre en argent; une autre en or a été attribuée au
chef de gare. A cette liste déjà nombreuse
ajoutons les organistes de l'Eglise de la
Rue Daru qui étaient présents le jour où Sa
Majesté l'Empereur s'y rendit.

Environ cinquante membres du Parlement reçurent des décorations officielles de presque tous les ordres de Russie : Saint-Alexandre Newski avec diamants, Grand cordon de l'Aigle Blanc, Grand cordon Saint-Alexandre Newski, Grand cordon Saint-Stanislas, Grand cordon Sainte-Anne, Saint-Stanislas, Sainte-Anne 2ᵉ classe avec diamants, Saint-Stanislas avec étoile.

Le général Tournier reçut une tabatière en or avec les armes de l'Empereur ; MM. Le Gall, Crozier et Mollard une tabatière en or avec diamants : MM. Blondel, le baron Roujoux des bagues ornées de diamants avec les armes de la Russie.

M. Baudin président du conseil municipal de Paris reçut une bague ornée de diamants. Pour clore cette liste que la modestie de nombreux bénéficiaires force à taire les noms, les auteurs du volume « *Le Tsar à Paris en 1896* » MM. Daragon et Dolis recevaient chacun le 22 janvier 1897 par l'entremise du ministre de l'intérieur, un superbe chronomètre en or rehaussé de l'aigle impériale pour la publication de leur ouvrage.

Si la Russie, dans la personne de son souverain, cherche toutes les occasions de nous prouver son profond attachement, la France ne le cède en rien dans ses moindres actes journaliers. Toutes les nouvelles que nous communiquent les journaux émanant de l'Empire des Tsars sont pour nous aussi bien accueillies que si elles nous venaient de France.

La nouvelle de la naissance de la Grande-Duchesse Tatiana a été saluée par la presse parisienne des vœux les plus chers pour sa santé et celle de l'Impératrice.

Les publications illustrées ont retracé à leur première page la cérémonie du baptême. Le choix de la Cour Impériale s'étant porté sur une nourrice des Basses-Pyrénées c'est avec plaisir que nous reproduisons l'article du *journal* du 16 juin dernier :

« Honneur aux belles filles, aux montagnar-

des des Aldudes où l'on vient d'élire la nourrice de la Petite Grande Duchesse! Trois
docteurs, un aide de camp russe, une sage-
femme de la Cour après un minutieux exa-
men ont choisi pour la mignonne princesse
le sein d'une robuste Française. Dodo l'enfant dô. Nounou chantez-lui bien les airs du
pays de France,.... voici l'étoile de l'alliance
franco-russe. »

Il est d'usage, en France, de terminer
chaque année par de nombreuses visites à
nos théâtres, qui représentent, dans leur
revue, les principaux faits de l'année. Dans
cet ordre d'idées, directeurs et auteurs ont
célébré l'alliance franco-russe et le voyage
des souverains dans tous leurs détails. Pour
n'en citer que quelques-uns, la revue de
l'Athénée-Comique, celle de l'Eldorado, celle
de la Bodinière, nous ont charmés.

Aujourd'hui encore, après dix mois qui
nous séparent d'octobre 1896, le théâtre du
Châtelet a intercalé, dans la pièce *Michel*

Strogoff, un ballet superbe, l'alliance franco-russe qui attire chaque soir de nombreux
spectateurs et que justifie la profusion de drapeaux russes et français qui décorent sa fa-
çade.

Puisqu'il est, en ce moment, question de drapeaux, le 14 juillet 1897 nous a prouvé quels
bons souvenirs nous avions conservés de la
Russie ; toutes les maisons particulières, tous
les cafés, les restaurants, les maisons de commerce avaient arboré leurs emblêmes russes
et français, et, la veille, la population parisienne pouvait se demander si elle allait consacrer
une fête française ou une fête russe. Les illuminations nombreuses étaient faites de lanternes vénitiennes aux couleurs populaires
russes, aux couleurs impériales, aux couleurs françaises mélangées ; une quantité
de ballons ont dû sûrement être fabriqués
pour la circonstance, car leurs formes et
la diversité de leurs couleurs nous étaient
totalement inconnues ; il n'est pas jusqu'aux

globes rouge, jaune, vert, en celluloïd, qui n'étaient de la fête et égayaient, par le souvenir qu'ils évoquaient, le joyeux quartier latin.

Nous avons consacré également le souvenir des Fêtes impériales dans nos manifestations artistiques. Les salons de 1897, du Champ de Mars et des Champs-Elysées, renfermaient une quantité de toiles, dont les plus remarquées ont été celles de Berteaux. — *Mariage de drapeaux*, octobre 1896. — Gritsentko. *Moscou.* — L. Loir. *Le Tsar à l'Hôtel-de-Ville.* — E. Maillard. *L'Escadre du Nord escortant le yach impérial à l'arrivée de LL. MM. II. l'Empereur et l'Impératrice de Russie dans les eaux françaises. Cherbourg, 5 octobre 1896.* — Mols. *L'Empereur Nicolas et l'Impératrice Feodorowna à Cherbourg.* — Ravanne. *A Cherbourg, 5 octobre 1896.* — Scott. *La Revue de Châlons.* — Vauthier. *Inauguration du Pont Alexandre III*, etc., etc.

De nombreux bustes de toutes les dimensions, des médaillons des souverains russes, et des miniatures d'une finesse remarquable, ont été très admirés.

Une place toute particulière doit être consacrée ici à la jolie toile de Detaille, représentant leurs Majestés à la revue de Châlons. Ce tableau offert par la presse parisienne, a été exposé pendant quelques jours avant d'être expédié en Russie, et grande a été la foule des admirateurs qui se pressait pour le contempler. Notre grand peintre militaire doit accompagner le Président Félix-Faure à Saint-Pétersbourg, espérons que son voyage nous procurera le plaisir de voir à nos prochains salons quelques toiles d'un grand intérêt pour ceux qui n'ont pu se rendre à ces fêtes impériales.

Le 13 juillet avait lieu l'inauguration du Musée de l'Armée par le général Billot, ministre de la Guerre. Outre les précieux souvenirs qui y sont accumulés figure une

grande boîte de chêne à poignées d'argent
ciselé, garnie de drap brun sur lequel repo-
sent précieusement des boules de fer, deux
sabres rouillés et une petite épée. Ce sont
des armes françaises trouvées récemment
pendant des fouilles au fond du lit de la
Bérézina et que les Russes viennent de nous
renvoyer. On y remarque aussi l'aquarelle
de Parent : elle représente l'entrevue de
Napoléon Ier et du Tsar Alexandre Ier sur le
Niémen au lendemain de Friedland le 25 juin
1807. Quatre-vingt-dix ans après, nous allons
assister dans les mêmes régions, au palais
de Péterhof, à une rencontre entre deux
hommes qui parleront au nom des mêmes
nations, - France et Russie. Les deux entre-
vues faites dans un but d'alliance diffèrent
d'ailleurs en tout *(Gaston Striégler).*

Dans l'armée aussi règne la même amitié.

Depuis un an, quantité de régiments russes et français portant les mêmes numéros,
fraternisent à l'occasion de circonstances qui

leur sont particulières ou à l'effet d'entretenir entre eux des rapports de sympathie. Pour ne citer que les derniers échanges de dépêches il faut citer le 59e régiment de ligne français qui ayant envoyé au 59e régiment d'infanterie de Lubin cantonné à Odessa un album contenant la biographie et les portraits de ce régiment français, les officiers du régiment russe ont résolu de répondre à cette gracieuse attention par l'envoi d'un autre album richement illustré.

C'est le 105e régiment d'infanterie d'Orembourg, actuellement en garnison à Vilna et qui avait déjà échangé à plusieurs reprises des lettres et télégrammes de félicitations avec le 105e régiment d'infanterie française en garnison à Riom qui vient de recevoir de ce dernier un magnifique album de remerciement de l'envoi qu'il lui avait fait d'un groupe photographique de ses officiers. Cet album relié en maroquin rouge avec filets d'or porte au-dessus de la reliure les armes de la ville de

Riom, les drapeaux croisés du 105ᵉ russe et du 105ᵉ français, et il contient dix-sept photographies représentant des groupes d'officiers, de soldats, des scènes militaires, etc.

L'incendie du Bazar de la Charité a été pour l'Empereur de Russie une occasion de faire connaître au Président de la République la douleur qu'il avait éprouvée à la nouvelle de ce sinistre, il terminait sa lettre en mettant à la disposition de M. Félix-Faure pour récompenser quelques-uns des sauveteurs vingt médailles, dont dix en or et dix en argent. Ces médailles portent sur la face le médaillon de l'Empereur entouré de ces mots : « Nicolas II empereur et autocrate de toutes les Russies », et sur les revers une branche de laurier et l'inscription : « Pour le sauvetage des sinistrés », les médailles sont suspendues à un ruban composé d'une raie rouge et de deux raies noires et correspondent aux médailles de sauvetage qui sont distribuées en France. Remise de ces insignes a été faite aux bénéficiaires par le ministre de la justice remplaçant le ministre de l'intérieur le 13 août 1897.

Avant de terminer cette introduction il faut revenir au Pont Alexandre III dont la pose de la première pierre a été faite par l'Empereur Nicolas II. C'est par ce pont qu'ont commencé les travaux de l'Exposition de 1900, désireux que nous sommes d'associer cette grande œuvre à nos sympathies russophiles. Les travaux prodigieux de ce pont majestueux ont nécessité l'enlèvement momentané de la pierre qui contenait le procès-verbal de la cérémonie et les pièces de monnaie qui y avaient été jointes. Cette pierre durant la première partie des travaux a été soigneusement déposée dans une petite cabine où nuit et jour une garde avait mission de veiller sur elle.

Le résultat de la visite des souverains russes et la consécration officielle de l'alliance franco-russe s'est fait sentir non seu-

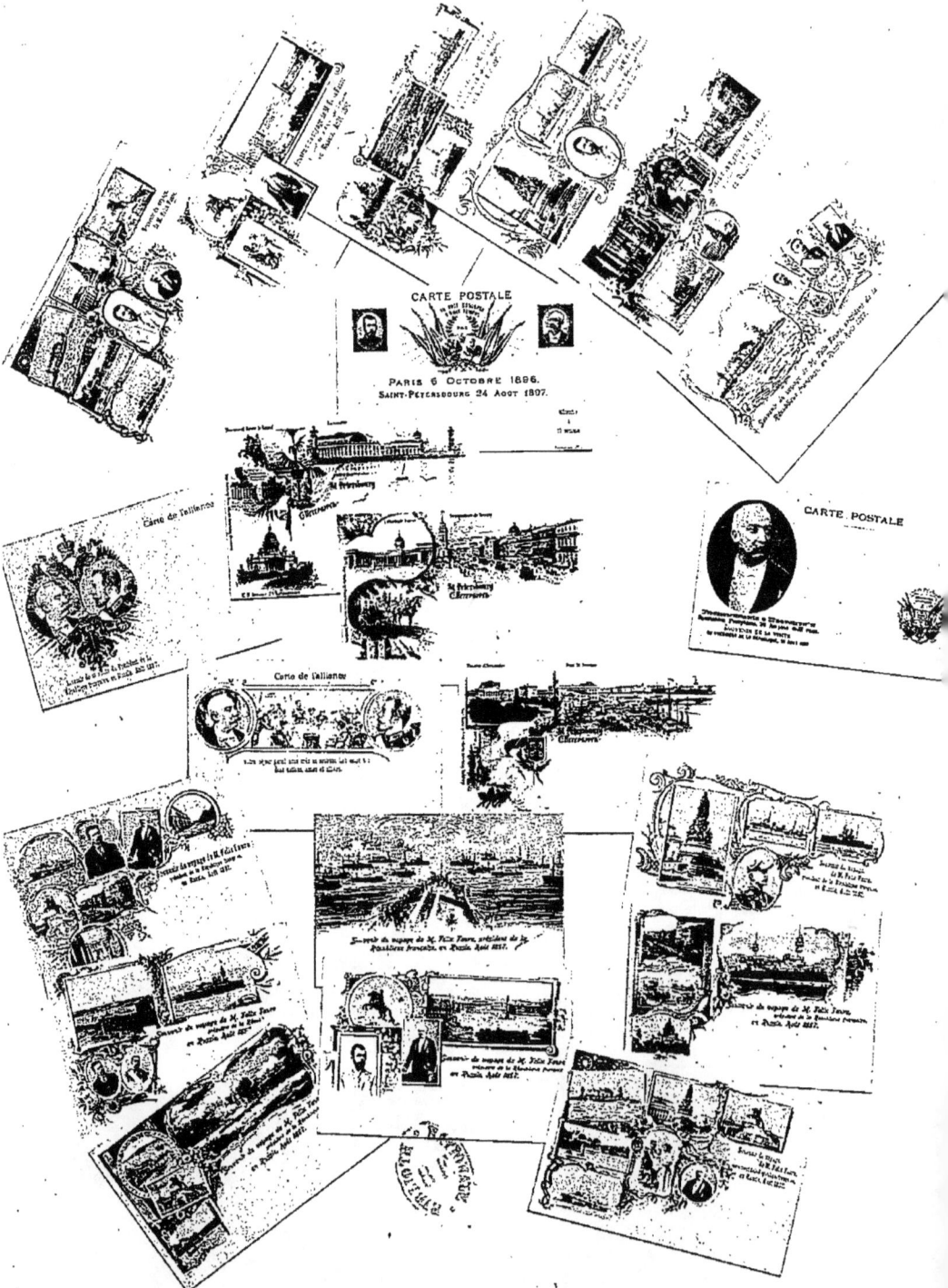

CARTE POSTALE

PARIS 6 OCTOBRE 1896.
SAINT-PÉTERSBOURG 24 AOUT 1897.

CARTE POSTALE

lement en France mais aussi à l'étranger. Après la campagne d'Abyssinie l'Empereur Mélénik a commandé des tableaux représentant la prise d'Adoua à des peintres français et à des peintres russes.

Plus tard c'est la mission du Prince d'Orléans et celle de M. Léontief qui revenaient en France comblés d'honneurs. Ce dernier lors de son séjour à Paris comme témoin dans le duel Henri d'Orléans — Général Albertone avait manifesté le désir que les différents postes que nécessitait l'administration des provinces équatoriales d'Abyssinie que lui avait léguée le Négus seraient occupés par des Français. Attention délicate s'il en fut, à laquelle nous avons tous applaudi.

Pour clore la liste des souvenirs provoqués à la suite du voyage impérial d'octobre 1896, il faut citer les publications artistiques qui ont été publiées à ce moment. La plupart des journaux ont offert à leurs abonnés de superbes albums, les principaux sont ceux

publiés par le *Temps*, le *Journal*, l'*Illus-*
tration, le *Matin*, le *Monde illustré*.

Bientôt doit paraître le volume de G. Ca-
doux édité par notre Imprimerie Nationale
sous les auspices du Conseil municipal de
Paris et qui promet par ses illustrations
d'être une œuvre remarquable. Cet ouvrage
doit faire pendant à celui publié en 1893
lors de la visite des Marins russes dont un
exemplaire fut adressé à Sa Majesté l'Impératrice qui chargea officiellement le Baron
de Morenheim de remercier en son nom le
Conseil municipal de Paris.

C'est au milieu de tels sentiments affectueux
à l'égard de la Russie que notre Président
a accepté l'invitation de l'Empereur Nicolas II de se rendre à Saint-Pétersbourg.
Puisse ce voyage resserrer encore s'il est
possible les liens d'amitié qui unissent
les deux peuples. Souhaitons que l'impression que les Français y laisseront soit aussi
durable que l'a été chez nous celle de Leurs

Majestés Impériales. Nous ne saurions en douter car nos oreilles tintent encore des cris souvent répétés de « Vive la Russie » que nos cœurs sont heureux de pouvoir ajouter à ceux de « Vive la France, Vive le Président ».

LES PRÉPARATIFS EN RUSSIE
ET EN FRANCE

L'enthousiasme de la population à mesure qu'approche la visite du Président de la République augmente et semble vouloir se mettre au niveau de celui manifesté par les Parisiens au passage de l'Empereur Nicolas II dans les rues de la capitale française.

Une véritable flotille d'embarcations de toutes sortes, bateaux à voiles, à vapeur, canots, yachts, remorqueurs, etc., ira à la rencontre de l'escadrille française dans la rade de Cronstadt. Il y a déjà plus de cent vingt bâteaux frêtés pour la circonstance et le nombre des souscripteurs va de jour en

jour augmentant, tant est grand le désir de
pouvoir être parmi les premiers à saluer le
Président.

En ville tous les marchands se sont munis
de drapeaux français et russes, les commandes sont vite enlevées et le moment de l'arrivée approchant les nuits et les jours sont
employés à la confection de nombreux insignes. Cet enthousiasme est justifié par la
faveur accordée par l'Empereur de pavoiser
les maisons et d'arborer des drapeaux français et russes contrairement aux coutumes
établies qui en interdisent formellement l'u-
sage. Nous nous en sommes aperçus lors du
séjour de l'Empereur d'Allemagne où ne
flotta aucun drapeau pendant son séjour.

De Varsovie et de Moscou arrivent de
nombreuses pièces d'étoffes destinées à la
décoration de la Ville. Le nom de Félix-Faure
s'étale dans toutes les vitrines et les nou-
veautés les plus à la mode sont baptisées du
nom de notre Président. Les illuminations

des monuments officiels promettent d'être merveilleuses.

Parmi les fêtes particulières qui seront données en l'honneur des Français les dames pétersbourgeoises organisent une fête d'enfants en costumes des provinces françaises avec bataille de fleurs. On signale du reste de nombreuses commandes de fleurs qui doivent arriver de Varsovie, qui sont destinées à être prodiguées aux matelots français et russes dans les représentations qui seront données en leur honneur.

Une revue franco-russe doit être donnée devant les officiers français dans les jardins de l'Aquarium et d'Arcadra. On dit merveille également d'un bal franco-russe organisé par les artistes de Saint-Pétersbourg, le costume national français ou russe sera de rigueur. Les brasseurs de la ville offriront de la bière à nos marins gratuitement et à discrétion dans le Parc Pétrowsky. On les invitera aussi à des régates organisées sur la Néva. Des artistes amateurs les inviteront à trois spectacles joués en langue française.

Le Président recevra de nombreuses députations ; les habitants de Pétersbourg lui présenteront une adresse de félicitations richement reliée, ceux de Riga seront également représentés. Moscou enverra aussi une délégation chargée de remettre à M. Faure de riches présents. La ville d'Ouglitch a décidé aussi d'envoyer des délégués. Les orfèvres de la ville voient affluer chez eux de nombreuses commandes de plats et de salières destinés au Président et à sa suite.

Le plafond de la grande salle de l'Hôtel-de-Ville doit être décoré de plusieurs vues de Paris et de Saint-Pétersbourg. Des courses vélocipédiques sont organisées un peu partout et les vainqueurs recevront des jetons où figurera le portrait de M. Faure.

La colonie française de Saint-Pétersbourg

tient à participer aux fêtes et fait frapper
des médailles commémoratives en or et en
argent qui seront offertes aux personnes
ayant assisté avec M. Félix-Faure à l'inauguration du nouvel hôpital français ; un côté
de ces médailles représentera les bâtiments
inaugurés et l'autre une figure de la bienfaisance avec les initiales du Président.

Le maire de Saint-Pétersbourg offrira de
la part de la Ville de Toula un énorme pain
d'épice aux amandes de deux archines car-
rés qui portera au milieu l'inscription sui-
vante. « Soyez le bienvenu notre cher hôte ».

La ville de Viasnia enverra un pain d'é-
pice aux ananas de même grandeur.

La ville de Kolomna offrira une énorme
caisse de tablettes de gelées de pommes,
spécialité de cette ville.

Les commerçants de Nijni-Novgorod offriront une précieuse fourrure de Kamschatka.

Les négociants de Saint-Pétersbourg ont
décidé d'offrir à chaque navire français un

samovar de dimensions assez grandes pour
servir à tout l'équipage. Chaque marin français
recevra en outre un sac de soie aux
couleurs nationales rempli de thé. Les officiers
recevront une livre de thé dans des
sacs également décorés de dessins.

Les villes de Crimée ont décidé d'envoyer
au Président des télégrammes de bienvenue
pendant son séjour à Saint-Pétersbourg.

Le conseil municipal de Kherson a décidé
d'adresser un télégramme à M. Félix-Faure
pour lui envoyer ses souhaits de bienvenue
dès son arrivée en Russie.

Une usine métallurgique pétersbougeoise
a construit une locomotive à laquelle on a
a donné le nom de « Président Faure. »

Les corroyeurs russes offriront un buvard
en peau de chamois aux initiales F. F. Une
adresse de félicitations imprimée en lettres
d'or sur des feuilles de maroquin clair y
sera déposée.

Les élèves des écoles feront hommage d'ouvrages à la main.

La société patriotique offrira un superbe coussin de soie dont le dessus sera orné d'une broderie multicolore représentant une colombe avec une branche de palme et l'inscription « Soyez le bienvenu ».

La ville d'Odessa prépare de grandes fêtes. Des banquets populaires seront servis au peuple pendant le séjour du Président. Cinquante mille portraits de M. Félix Faure seront distribués gratuitement.

Le comité de la presse pétersbourgeoise offrira un punch aux journalistes français la veille de l'arrivée de l'escadre afin de faire connaissance de part et d'autre. Des banquets, des concerts, etc., sont également projetés.

Une bibliothèque populaire doit être fondée et portera le nom de Bibliothèque Faure.

Un cercle de dames organise plusieurs tribunes flottantes pour assister à la revue

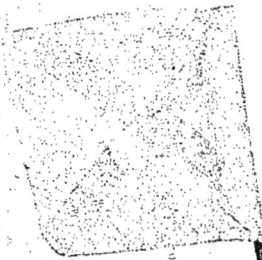
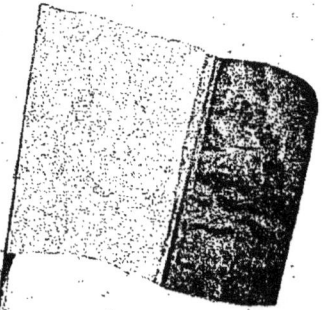

navale. Comme les fleurs ne vont point
sans les dames aussi bien en Russie qu'en
France, pendant le défilé de l'escadre devant les tribunes aura lieu une bataille de
fleurs.

Les préparatifs étaient à peine commen-
cés que l'Empereur de Russie donnait à la
France une nouvelle marque d'estime en
invitant une mission extraordinaire à suivre les grandes manœuvres de Krasnoié-
Sélo. Cette mission composée du général
de Boisdeffre, du général Sermet, du colonel Thévenel et du commandant Pauffin de
Saint-Morel arrive le 16 août à Saint-Pétersbourg où elle est reçue par le chef d'État-
Major, général Obroutckew et le général
Sollogoub. Le colonel Zelebrowsky est dési-
gné pour être attaché à la mission pendant
son séjour en Russie.

Reçu par Sa Majesté l'Empereur le 21 au
camp de Krasnoié-Sélo, le général de Boisdeffre et la mission visitent les cantonne-

ments et l'accueil qui leur est fait témoigne
que l'armée russe est heureuse de saluer
les représentants de l'armée française. Les
places d'honneur sont réservées à nos officiers à la représentation de gala qui est
offerte en leur honneur au théâtre de Krasnoié-Sélo où l'on représentait « *La Souris* »
de Pailleron.

Le lieutenant général d'état-major général
Bilderling ; l'aide de camp général, lieutenant
général d'état-major, général baron Friede-
ricksz, bien connu des Parisiens, le major
général d'état-major général Solohoub ; le
capitaine de frégate Drouginine, le capitaine
au régiment Preobajenski Livitnov ; le cor-
nette au régiment des gardes à cheval Koros-
tovtzest, le prince Dolgorouki, et l'aspirant
de marine Dournovo seront attachés à la
personne du Président de la République.

A l'occasion de l'arrivée du Président
Félix-Faure, l'empereur a officiellement or-

donné que les gardes d'honneur seront fournies :

Le 23 août à Péterhoff au débarcadère par les équipages de la flotte de la garde impériale.

Le 24 août à Saint-Pétersbourg au débarcadère près du Pont Nicolas par le 145e régiment d'infanterie Novotcherhast Empereur Alexandre III.

Pendant le séjour du Président de la République un double poste d'honneur sera placé devant l'hôtel de l'Ambassade de France.

Durant la semaine qui précéda le départ présidentiel les cadeaux qui étaient destinés à la Cour impériale et aux dignitaires de l'Empire, furent choisis en grande partie à la manufacture de Sèvres, ils sont au nombre de soixante-et-onze, en voici la liste :

Un surtout de table : *Chasse au sanglier* composée de trois pièces : la *Chasse*, les *Sonneurs*, les *Valets de chiens*.

Un autre surtout de table : *Bacchus* composé de cinq pièces.

La *Baigneuse* de Falcone·, la *Leçon de flûte*, la *Leçon à l'Amour*, l'*Amour médecin*, l'*Amour rémouleur*, l'*Amour désarmé.*

Deux statuettes de la Grande Catherine.

Deux vases potiches antiques, deux autres grandes potiches.

Un service à café citron ; un service à café ovoïde ; un service à thé dinière ; un service à thé Peyre ; un service à café féticulé chinois.

Deux bustes en biscuit de M. Félix-Faure, de l'Empereur et de l'Impératrice par Ratkowsky. Ces derniers sont fort beaux, mais à côté d'eux la Tsarine ne verra pas sans un plaisir extrême une autre image d'elle taillée dans le marbre par Antokolski. dont le profil divinement gracieux et la souveraine beauté font revivre sa ressemblance.

Le Président emporte également quinze pièces d'orfèvrerie, véritables chefs-d'œu-

vre de richesse et de goût. Ce sont des
petites boîtes en fin or les unes de la dimen-
sion d'un porte-cigarettes ; les autres, de
moitié moins grandes, en forme de bonbon-
nières quadrangulaires, sur le panneau
supérieur desquelles se détachent, en médaille, deux têtes de femmes groupées et
qu'enlace une guirlande de fleurs tombant
de la chevelure en bonnet phrygien de l'une
à l'épaule de l'autre, qui est coiffée de la
trabucoise russe.

La finesse de ces deux têtes est exquise
et la grâce est tout à fait charmante de ce
groupe symbolique que surmontent deux
petites étoiles en brillants.

Une merveille aussi c'est le cadre, le décor
extrême, sur les bords et aux coins de ces
boîtes : dans chacune il est divers, et parmi
les oliviers ou les chrysanthèmes, les pâque-
rettes ou le myosotis, en relief sur des émaux
aux teintes fortes ou à peine nuancées, dans
l'entrelacement des branches ténues, jouent

les éclairs des diamants, des topazes et des améthystes.

Les neuf grandes boîtes et les six petites sont enfermées chacune dans un écrin en maroquin isabelle au chiffre en or — les deux F et l'ancre entrelacées — de M. Félix-Faure.

LE VOYAGE

CRONSTADT. — SAINT-PÉTERSBOURG. — PÉTERHOF. — KRASNOIÉ-SÉLO.

On se souvient que l'Empereur Nicolas II en prenant congé du Président de la République, après la Revue de Châlons, lui avait dit combien « il serait heureux de le recevoir dans ses Etats ».

Pendant les huit mois qui suivirent, les journaux annoncèrent à différentes reprises la réalisation de ce projet, quelques-uns même allèrent jusqu'à fixer par des dates plus ou moins fantaisistes le moment du départ de notre Président. Ces informations

ne manquaient jamais d'être démenties le
lendemain. Les uns disaient que la Consti-
tution n'ayant point prévu le cas d'un
voyage présidentiel à l'étranger, ce voyage
sans précédent ne pouvait avoir lieu. Une
foule d'autres raisons furent mises en avant
et on ne savait si le Président pourrait accepter l'invitation impériale.

Le 25 mai 1897 la presse parisienne com-
muniquait à ses lecteurs la nouvelle offi-
cieuse que des démarches ayant été faites
par la cour de Russie auprès de M. Félix-
Faure, au sujet du voyage du Président à
Saint-Pétersbourg, étaient sur le point d'abou_
tir.

Cette nouvelle fut accueillie avec joie par
tous les partisans de l'alliance franco-russe.

Depuis ce moment les conversations rou-
lèrent sur le voyage en Russie, chacun
émettait son avis : sur la suite qui accom-
pagnerait le Président, sur la durée de son
séjour, sur les villes qu'il visiterait, sur son

parcours probable, se ferait-il par mer ou par terre ? Par la Baltique ou la Méditeranée ?

Grande était l'anxiété de tous lorsque le 1ᵉʳ juillet le Président Félix-Faure donnait connaissance au Conseil des Ministres d'une lettre de l'Empereur de Russie exprimant la satisfaction qu'il aurait de le recevoir cette année à Péterhoff. D'accord avec le Président de la République, le Conseil des Ministres décidait de saisir incessamment le Parlement par le dépôt d'un projet de loi portant l'ouverture de crédits nécessaires. Le Président indiquait au Conseil son intention de se rendre à cette invitation dans la seconde quinzaine du mois d'août.

Le 6 juillet, M. Hanotaux déposait un projet de crédit pour faire face aux dépenses nécessitées par le voyage du Président en Russie.

C'est en ces termes que s'exprimait le ministre des affaires étrangères devant les membres du parlement :

Messieurs,

La venue en France au mois d'octobre dernier de Leurs Majestés l'Empereur et l'Impératrice de Russie a donné lieu à des manifestations grandioses où la population entière s'est unie aux pouvoirs publics pour marquer aux hôtes de la France les sentiments qu'inspirait à tous leur présence sur le territoire de la République. — Le langage des souverains russes a témoigné de l'impression profonde que leur faisait éprouver un tel accueil et a laissé pressentir dès lors que M. le Président de la République serait appelé à rendre la visite ainsi faite à la nation française.

L'Empereur Nicolas vient en effet d'adresser à M. le Président de la République une lettre d'invitation où il exprime, dans les termes suivants, la satisfaction avec laquelle il le verrait accepter à son tour l'hospitalité de la Russie :

« Les vives sympathies qui unissent mon empire à la France amie et les sympathies qui vous sont personnellement vouées, M. le Président, doivent vous être trop connues pour que j'aie besoin de vous assurer de la joie avec laquelle votre arrivée sera accueillie par la Russie entière ».

Dès qu'il a reçu communication de cette invitation le gouvernement a décidé de demander au Parlement de s'associer par son vote à l'acceptation du Président de la République et de lui imprimer ainsi le caracractère d'une manifestation nationale.

Nous sommes assurés que les représentants du pays n'hésiteront pas devant cette nouvelle occasion d'affirmer les sympathies de la France à l'égard de la Russie et de resserrer encore les liens qui les unissent.

En conséquence nous avons l'honneur de vous présenter un projet de loi destiné à mettre à la disposition du gouvernement, en vue du voyage du Président de la République, en Russie, les crédits nécessaires à sa réalisation.

De nombreux applaudissements ont accueilli cette lecture, notamment le passage emprunté à la lettre autographe de l'Empereur.

Ainsi que le règlement l'exige le projet de crédit a été renvoyé à la commission du budget. M. Krantz, rapporteur général, déposa son rapport le lendemain et la demande de crédit fut accordée à une très forte majorité.

En ce qui concerne le fragment de la lettre autographe du Tsar, c'est sur le désir formel de M. Faure qu'il a été intercalé dans le projet lu par M. Hanotaux.

A ce sujet le Président s'exprime en ces termes :

« Je tiens à ce que le Parlement et la France connaissent les sentiments de Sa Majesté et cette façon touchante d'associer la Russie entière à la réception que son souverain se propose de réserver au premier magistrat de l'Etat, et c'est dans cette intention que je prierai le Ministre de porter à la tribune à la connaissance du pays entier le passage de la lettre d'invitation ».

Sa Majesté Nicolas II pour écrire au Président a employé du papier blanc de grand format sur lequel se détachent les armes de sa maison gravées en or. L'écriture est droite et majestueuse (1).

C'est à partir de ce jour que la date du 18 août fut choisie pour le départ de Dunkerque. Dès ce moment les journaux nous apprirent chaque jour avec quelle ardeur les préparatifs étaient poussés à Saint-Pétersbourg en vue de la réception de notre Président. En France, également, les préparatifs de départ se poursuivent avec activité.

Suivant le désir exprimé par le Tsar de revoir, dans ses Etats, la plupart des officiers de

_____

(1). *Le Gaulois*, 4 Juillet.

terre et de mer qui furent attachés à sa
personne et à celle de l'Impératrice lors
de leur séjour en France, M. Félix-Faure
compte enmener avec lui une suite brillante
par le nombre, brillante surtout par le nom
et la qualité de ceux qui doivent en faire
partie. En dehors du ministre des affaires
étrangères, M. Hanotaux, et de quelques
hauts fonctionnaires de ce ministère, le
Président sera accompagné de toute sa maison militaire et de sa maison civile. Le
général Le Mouton de Boisdeffre chef d'état-
major de l'armée, l'amiral Gervais chef
d'état-major de la marine et leur état-major
particulier. Le commandant Patrice de Mac
Mahon, le capitaine Carnot, fils des deux
anciens présidents de la République, les
commandants Chanzy et Canrobert, le capitaine de Sèze, gendre du Baron de Morenheim
seront également du voyage.

L'escadre composée du *Pothuau*, du *Bruix*
et du *Surcouf*, commandée par le contre -

amiral de Courthile a été désignée pour
conduire le Président dans le port de Cronstadt. Ces trois navires ont été peints en
blanc ce qui est une flatterie discrète à
l'adresse de la flotte russe qui est tout entière de cette couleur.

Le 18 août 1897.

La date tant désirée, si souvent changée
est enfin arrivée ! C'est aujourd'hui que le
Président de la République française s'em-
barque pour la Russie.

Parti de Paris à 8 h. 1/2 par la gare du
Nord, la foule malgré l'heure matinale, avait
tenu à escorter M. Félix-Faure et le saluer au
moment où il allait rendre sa visite au grand
Empereur du Nord. La gare était particulièrement bien décorée et les drapeaux russes
se mêlaient aux drapeaux français. A l'heure
fixée pour le départ, le Président prend
place dans son wagon-salon suivi de M. Ha-

notaux, ministre des affaires étrangères, de l'amiral Besnard ministre de la marine, du général Hagron, de M. de Gall et de ses officiers d'ordonnance. Et puis le train s'ébranle et de nouveaux vivats retentissent.

En sortant de la gare du Nord le train présidentiel a passé devant les ateliers de la Chapelle et du Landy, les ouvriers rangés le long des voies acclament le Président en agitant chapeaux et mouchoirs.

D'Arras à Dunkerque les ovations se succèdent sans interruption.

A Lens, les maisons des mineurs sont pavoisées ; des groupes d'ouvriers agitent des drapeaux français et russes.

A Hazebrouck, la gare est envahie par la population avide de saluer le Chef de l'Etat. Il est midi cinquante lorsque le train arrive à Dunkerque. Il est salué dès son entrée en gare par le canon qui tonne, par les musiques qui jouent les hymnes nationaux français et russe.

PHÉNÉ DI LONGUET Imp. Phot.

Le maire de Dunkerque, M. Dumon souhaite la bienvenue au Président et est heureux de saluer le baron Fredericksz représentant l'Empereur de Russie.

Aussitôt les présentations terminées M. Félix-Faure quitte la gare : il monte dans un
landeau découvert attelé de 6 chevaux et
conduit par des artilleurs ; le maire de
Dunkerque le général Hagron, le général
Friderickz y prennent place. La seconde
voiture est occupée par MM. Hanotaux, de
Giers, le Gall et Tristam sénateur. Dans la
troisième se trouvent les amiraux Besnard,
Gervais, de Megret et M. Guillain député.
Le cortège composé d'une dizaine de voitures traverse lentement la ville, il est escorté par des dragons,

De la gare à l'embarcadère le cortège
présidentiel a été salué par une unique mais
formidable acclamation. Les cris de vive la
France ! Vive la Russie ! Vive la République
sortent de toutes les poitrines. Les larges

rues de Dunkerque sont bondées de monde
et décorées de la façon la plus artistique, les
arcs de triomphe sont très nombreux et les
couleurs russes se confondent avec les couleurs françaises.

Le cortège arrive bientôt à la sous-pré-
fecture. M. Félix-Faure examine la plaque
apposée sur le côté gauche de l'édifice et
rappelant le séjour à Dunkerque de Pierre
Le Grand en 1717. Du côté droit une seconde plaque en marbre blanc porte en lettres dorées cette inscription ; le Président
Félix-Faure se rendant en Russie est parti
de cet hôtel pour s'embarquer le 18 août
1897. » Il est exactement deux heures lorsque le Président monte à bord de l'Aviso
l'Elan qui doit le conduire en rade où se
trouve le *Pothuau.*

Le pavillon personnel du chef de l'Etat
est immédiatement hissé au sommet du grand
mât il est 2 h. 5 lorsque l'*Elan* se met en
marche. A ce moment toutes les têtes se

découvrent ; de nouvelles acclamations plus
retentissantes que les précédentes se font
entendre pendant que les musiques militaires jouent la *Marseillaise* et *l'Hymne
russe* et que les bâtiments de l'escadre tirent les salves réglementaires.

Lorsque l'*Elan* pénètre dans la rade les
hommes grimpent dans les haubans et dans
les vergues, ils se tiennent par la main et
crient à plusieurs reprises : « Vive la République ». L'aspect qu'offre à ce moment
la rade est merveilleux.

Avant de quitter l'*Elan*, le Président de la
République passe en revue l'escadre du Nord.

A deux heures vingt-quatre, il monte à
bord du *Pothuau* suivi par le ministre des
affaires étrangères, le général Frédéricksz,
l'amiral Gervais, le général Hagron, le commandant Bourgeois, M. Bertrand, secrétaire
particulier du ministre des Affaires étrangères, et le lieutenant de vaisseau Potié, officier d'ordonnance de l'amiral Gervais. Il

est reçu au bas de la coupée par l'amiral de Courtilhe, le capitaine de vaisseau Germinet.

MM. Regnault chef adjoint du cabinet du ministre des Affaires Étrangères, Blondel, chef du secrétariat particulier du Président de la République, les commandants Maux, Saint-Marc, de la Garenne, etc., s'embarquent sur le *Bruix* et le *Surcouf*.

Peu de temps avant trois heures, le signal du départ est donné. Le *Pothuau* part le premier suivi à courte distance par le *Surcouf* et le *Bruix*. Les bâtiments de l'escadre tirent alors vingt-et-un coups de canon, les hommes des compagnies de débarquement rangés sur le pont des navires présentent les armes et les tambours battent aux champs. Les trois bâtiments quittent la rade à une allure modérée, mais sitôt qu'ils l'ont franchie, ils augmentent la vitesse et bientôt disparaissent au large.

L'un d'eux « *le Bruix* » par suite d'un

accident survenu à ses chaudières reçoit
l'ordre de rentrer à Dunkerque. Il est rem-
placé par le *Dupuy-de-Lôme*.

Le 19 août.

L'escadre présidentielle passe dans la soirée près des feux de Lodjberg et de Haus-
tholm.

Le 20 août.

Le Président de la République a traversé
sans encombre le Mer du Nord et a doublé
la pointe danoise du Julland.

Une dépêche apprenait à Paris que le
Pothuau avait passé à deux heures dix près
du château de Kromberg et que des saluts
avaient été échangés. Le même jour une

autre dépêche de Copenhague nous informait que l'escadre présidentielle était passée à quatre heures de l'après-midi et avait été saluée par le cuirassé *Tardenskjold*. M. Pradère-Niquet vice-consul de France se tenant à bord d'un steamer, s'est découvert ainsi que les personnes qui l'accompagnaient devant M. Félix-Faure.

Le 21 août.

Stockholm. L'escadre française est entrée ce matin dans la Baltique par un temps clair. Elle a doublé Trelborg à petite vitesse.

Une dépêche de Visby, île de Gottland informait la presse française que l'escadre venait de passer à trois heures quarante et que les saluts avaient été échangés avec le port suédois.

Le 22 août.

Stockholm. Trois navires de guerre suédois ont échangé ce matin les saluts réglementaires avec l'escadre française qui se
trouvait à ce moment par le travers de l'Ile
d'Œsel et entrait par conséquent dans les
eaux russes (Œsel « l'île des Grues » est
en effet une île russe qui fait partie du Gouvernement de Livonie).

Près de Revel le transport russe *Compas*,
chargé d'une mission hydrographique a
rencontré les navires français. Le *Compas*
était porteur de télégrammes pour M. Félix-
Faure. Avant que le bâtiment russe ne reprit
sa route, l'équipage du *Compas* passa à la
bande et salua le Président des cris :
« Zdravia Jelaïem Vackimou Prevoshkhod-
telstvon » (Bonne santé, votre Excellence !)
L'équipage du *Pothuau* a répondu aussitôt
par trois hourras.

A six heures du soir les vaisseaux français étaient en vue du Hockland.

A dix heures les vigies signalèrent une
escadre russe en manœuvre. Les bâtiments
français arrêtèrent aussitôt leur marche
et prirent leurs dispositions pour passer la nuit. Le *Dupuy-de-Lôme* les rejoi-
gnit peu après ayant effectué une traversée
à l'allure de dix-sept nœuds.

Le 23 août.

Au lever du soleil, les trois bâtiments
français reprirent leur marche vers Cronstadt et rencontrèrent l'escadre russe qui les
salua de vingt-et-un coups de canon.

Le *Dupuy-de-Lôme* rendit ce salut et les
deux flottes entrèrent bientôt dans la rade
de Cronstadt au bruit des salves tirées par
les forts de la mer, des bassins et de la côte.

La pluie qui est tombée une partie de la
nuit et les jours précédents a cessé au lever

du jour, le soleil a voulu être de la fête et égayer de ses rayons les pavoisements uniques que la Russie a semés sur le passage que doit suivre le Président de la République pendant son séjour.

Les préparatifs sont terminés ; dans les rues on ne rencontre que des figures réjouies ; les moujicks se saluent et se congratulent avec de larges rires, le nom de Félix-Faure se mêle étrangement à leurs conversations ; ils le prononcent avec un grand respect. Le peuple assimile tantôt le rang de notre Président à celui de l'Empereur, tantôt se le représente comme l'Aîné des Français, délégué par la nation entière.

A neuf heures le sémaphore de Kratnaia Gorka a signalé à treize milles les bateaux français ; un cosaque est parti au galop dans la direction du palais pour prévenir l'Empereur.

Bientôt Cronstadt signale à son tour les navires français. L'Empereur monte alors

4

seul dans sa voiture et gagne le débarcadère distant du Palais de moins d'un kilo-
mètre où l'avaient précédé les grands digna-
taires de la cour, le comte Mouraview, le
comte de Montebello, le général de Boisdeffre et le Baron de Morenheim.

Le Tsar s'entretient en français avec les
personnes présentes, puis s'avançant près
du bateau il dit en russe à l'équipage « Bonjour mes braves. » L'équipage répond en
chœur selon la coutume réglementaire.
« Nous souhaitons bonne santé à Votre
Majesté Impériale. »

Le signal du départ est donné et le yacht impérial *Alexandria* fait route pour Cronstadt
suivi du *Strela* sur lequel est monté le Grand
Duc Alexis grand amiral de la flotte russe.

L'estuaire de la Néva est couvert de navires pavoisés merveilleusement et regorgeant
de monde ; à mesure que le yacht impérial
avance, le nombre des embarcations de toutes
sortes semble encore augmenter. Une vérita-

ble flottille fait escorte à l'Empereur. Nous
citerons particulièrement le steamer *Neva*
merveilleusement décoré et sur lequel se
trouve la colonie française de Saint-Pétersbourg ayant à bord la Comtesse de Montebello. Le Tsar la salue au passage.

Il est maintenant 10 heures, les navires
français sont à l'ancre, encadrés des vaisseaux de guerre russes. L'*Alexandria* a
stoppé à quelque distance du *Pothuau*. On
entend le canon qui continue depuis une
heure à tirer les salves d'honneur, mais
quand la fumée se dissipe, on voit une superbe embarcation bleue, de vingt mètres, se
détacher du yacht impérial et se diriger vers
le *Pothuau* que venaient d'entourer deux
cuirassés russes, le *Russia* et l'*Asia*. C'était
le grand-duc Alexis qui va chercher le Président de la République afin de l'amener à
bord de l'*Alexandria*, ce bâtiment ne pou-
vant aborder directement le grand cuirassé
français.

Aux côtés du grand-duc Alexis se trouvaient l'amiral Tyrtoff ministre de la marine ; l'amiral Avellan de glorieuse mémoire pour les Parisiens et connu au moins de nom par tous les Français, aujourd'hui chef d'état-major général de la marine, le comte de Montebello, notre ambassadeur, et le Baron de Morenheim, tous deux si sympathiques. M. Félix-Faure a pris place aussitôt sur le canot et en quelques coups de rame de l'équipe, étonnante de précision, il était auprès du yacht *Alexandria* avec M. Hanotaux en uniforme diplomatique, l'amiral Gervais et les officiers de sa suite.

La foule qui emplit les canots de plaisance pousse des hourras formidables, les hommes agitent de petits drapeaux, les dames des bouquets tricolores.

Le *Strela* aborde le yacht *Alexandria*. Le commandant attend au bas de l'escalier d'honneur ; l'Empereur se tient à la coupée. Les bras tendus il aide M. Félix Faure à franchir le dernier pas puis lui serre les deux mains et lui donne l'accolade. Une immense clameur de joie retentit, les marins dans les vergues poussent les hourras réglementaires. Le Président paraît très ému; il salue à plusieurs reprises.

Le Tsar invite M. Faure à s'asseoir à l'arrière et lui offre des cigares. Tous deux fument et une conversation amicale s'engage. L'Empereur demande au Président des nouvelles de la traversée. M. Félix-Faure fait connaître à l'Empereur que durant son voyage le temps a été constamment beau et que les brumes fréquentes dans la Baltique n'ont en rien gêné la marche des navires français.

Pendant que s'entretenaient ainsi les deux chefs d'Etats sur qui le monde entier a les yeux fixés le pavillon français était hissé à côté de l'étendard impérial sur le yacht *Alexandria* qui se dirige maintenant vers Péterhof au milieu des acclamations enthou-

siastes d'une foule avide de saluer le représentant de la France.

Il n'était pas tout à fait midi lorsque
l'*Alexandria* aborde le débarcadère des jardins de Peterhof.

M. Félix-Faure touche le premier la terre
russe pendant que la musique de la garde
impériale joue la *Marseillaise* et que les
canons tirent le salut d'honneur.

L'Empereur présente au président les
grands-ducs Wladimir, Cyrille, Baris, André,
Paul, Constantin, Dimitri, Nicolas, Pierre,
Michel, Georges, Serge, de Leutchtenberg
et le prince d'Oldenbourg.

Les deux chefs d'Etat se placent du côté
gauche du ponton et les fusiliers-marins
avec leurs drapeaux défilent devant eux.
Puis l'Empereur et le Président passent
devant le front de la troupe qui pousse des
hourras vigoureux.

M. Félix-Faure est en habit noir que traverse le grand cordon de Saint-André,

l'Empereur par une délicate attention et pour éviter le contraste de l'uniforme, avait revêtu la très modeste tenue de capitaine de vaisseau, que rehaussait le grand cordon de la Légion d'honneur.

Le cortège se forme ensuite pour se rendre au Palais.

L'Empereur et M. Félix-Faure montent dans une victoria attelée à la russe et conduite par un moujik de taille colossale. Un peloton de cosaques de la garde personnelle du Tsar avec drapeau et fanfare ouvre la marche.

Le cortège qui comprend douze victorias et quatre landaux est ainsi composé :

Dans la première victoria, l'Empereur et le Président.

Dans les deuxième, troisième, quatrième et cinquième, les grands-ducs.

Dans la sixième, M. Hanotaux, ministre des affaires étrangères de France, et le comte Mourawieff, ministre des affaires étrangères de Russie.

Dans la septième, le comte de Montebello, ambassadeur de France à Saint-Pétersbourg, et le général de Richter, aide de camp général.

Dans la huitième, le général de Boisdeffre, chef de l'état-major général, le général Bilderling, sous-chef de l'état-major de l'armée russe.

Dans la neuvième, l'amiral Gervais et le général baron Freederickz.

Dans la dixième, les généraux Hagron et Galinesef.

Dans la onzième, M. Le Gall, directeur du cabinet civil du Président de la République, et le général Solohoub.

Dans la douzième : M. Regnault, chef adjoint du cabinet du ministre des affaires étrangères de France, et l'amiral Krieger.

Dans le premier landau : MM. Mollard, sous-directeur du protocole; Blondel, chef

PLANCHE IV

CHÈNE & LONGUET, Imp. Phot.

du secrétariat particulier de M. Félix-Faure ; Bertrand, secrétaire particulier de M. Hanoteaux, le colonel Kozloff.

Dans le deuxième : les commandants Bourgeois, de Làgarenne, de la maison militaire du Président de la République ; M. Poillöüe, le colonel Droujinine.

Dans le troisième : le commandant Meaux-Saint-Marc, la capitaine Pouffin de Saint-Morel, le capitaine de frégate Martinoff.

La marche était fermée par le grand-maître des cérémonies du palais, prince Dolgorouky.

Les cosaques rouges rendent les honneurs militaires.

Les habitants de la ville affluent dans le parc ; ils sont tenus derrière les massifs. Les femmes et les hommes ont arboré une cocarde tricolore ; les enfants tiennent de petits drapeaux. Cette foule fait entendre des acclamations qui redoublent quand les voitures de la cour ayant dépassé les soldats, la foule n'est plus séparée par aucun obstacle. Plusieurs bouquets sont jetés. M. Félix-Faure répond par des saluts aux acclamations.

Dès l'arrivée au Palais, l'Empereur a présenté au Président les hauts dignitaires de la cour, notamment le ministre de la maison impériale et des apanages, le grand maréchal de la cour et chef du palais.

L'empereur quitte seul le palais de Péterhoff pour se rendre au palais Alexandria où réside l'impératrice.

Quelques instants après, M. Félix-Faure accompagné de l'amiral Gervais et du général de Boisdeffre se rend au Palais Alexandria et est introduit par le grand-maître des cérémonies auprès de l'Impératrice qui lui fait le plus gracieux accueil ; elle portait une ravissante toilette de soie gris perle. L'Impératrice s'est informée des conditions de la traversée et a rappelé en termes très aimables, à M. Félix-Faure, le plaisir qu'elle avait éprouvé lors de son séjour à Paris.

L'amiral Gervais, les généraux Hagron et de Boisdeffre, ont été ensuite admis à présenter leurs hommages à l'Impératrice qui trouve un mot gracieux pour chacun d'eux.

À une heure, déjeûner intime réunissant les souverains, le Président, M. Hanotaux, les généraux Hagron, de Boisdeffre, l'amiral Gervais et le comte de Montebello.

Le président a ensuite passé l'après-midi à rendre visite aux grands-ducs qui occupent des pavillons ou des palais disséminés dans le parc de Pe'erhof.

À chacune de ses sorties la population acclame le Président aux cris de : « Vive la France ! »

Pour le dîner de gala dès 6 heures 1/2 les invités commencent à arriver. — Le cortège s'est formé pour l'entrée dans la salle du repas dans cet ordre : M. Félix Faure offrant le bras à l'Impératrice, l'Empereur à la comtesse de Montebello. A table, la Tsarine, dans une toilette blanche d'un goût parfait, est placée

entre le Président à droite et le Tsar à gauche. La famille impériale et les grands dignitaires au nombre de 160 occupent les deux
tables. Les grandes-duchesses portent de
splendides toilettes de cour à longue traîne,
et des parures étincelantes. Devant l'Impératrice sont deux coussins de roses de France.

Le coup d'œil, est superbe, la salle de style Renaissance est éclairée par des girando-
les électriques faisant ressortir encore l'or
qui est jeté à profusion et qui tranche si bien
sur les tentures de soie rouge. Au dessert
l'Empereur a prononcé le toast suivant :

« J'éprouve un plaisir tout particulier à
vous souhaiter la bienvenue, monsieur le Président, et je vous remercie de votre visite
que la Russie entière accueille avec une joie
bien vive et unanime.

« Le souvenir charmant des trop courtes
journées passées en France l'année dernière
demeure ineffaçablement gravé dans mon
cœur comme dans celui de l'Impératrice.

« Nous aimons à espérer que votre séjour parmi nous et la sincérité des sentiments qu'il éveille ne pourront que resserrer encore les liens d'amitié, de sympathie profonde, qui unissent la France et la Russie.

« Je bois à votre santé, monsieur le Président, et à la prospérité de la France ».

Après ce toast, qui a été écouté debout par tous les convives, l'orchestre a joué la *Marseillaise*.

Le Président de la République a répondu :

« Votre Majesté a bien voulu rappeler la journée trop courte qu'avec Sa Majesté l'Impératrice Elle a passé à Paris au mois d'octobre dernier ; la France entière en a gardé, de son côté, le souvenir le plus ému.

« Répondant aux sentiments profonds de toute la nation, le Président de la République vient dans la capitale de l'empire de Votre Majesté affirmer et resserrer encore

les liens si puissants qui réunissent nos deux
pays.

« En touchant le sol de la Russie, au moment où le cœur des deux peuples bat à
l'unisson dans une même pensée de fidélité
réciproque et de paix, je lève mon verre en
l'honneur de Sa Majesté l'Empereur de toutes
les Russies, de Sa Majesté l'Impératrice et
à la Russie tout entière ».

Ce toast a été également écouté debout
et il a été suivi par l'*Hymne russe*, exécuté
par l'orchestre.

Après le dîner de gala, l'Empereur et le
Président ont salué du balcon la foule massée dans les jardins et près de la cascade.
Des ovations sans fin se sont fait entendre,
lorsque les deux chefs d'États ont reparu
au balcon du théâtre de Péterhof.

A neuf heures, le cortège se rend au
Théâtre Impérial pour assister à la représentation de gala, qui comprend : *la Vie
pour le Tsar*, diverses danses nationales

et le ballet du *Songe d'une nuit d'été*.

Une vaste loge était préparée au milieu des fauteuils de balcon. L'Impératrice, ayant un diadème de diamants au front et portant tous ses ordres, occupait la place du milieu. Le Président était à sa droite, l'Empereur à sa gauche, derrière M. Hanotaux et le comte Mouraview.

Le coup d'œil de la salle était magnifique, les toilettes des dames de la cour rivalisaient d'élégance et tranchaient merveilleusement sur les uniformes des officiers.

A l'extérieur, l'illumination instantanée est féerique et la réverbération des feux dans les eaux de la cascade produit un effet merveilleux. Dans les arbres et par terre, les globes de verre et les lanternes sont répandus à profusion.

L'Impératrice, l'Empereur et le Président sont restés jusqu'à la fin et se sont séparés à la sortie du théâtre, les souverains retournant au Palais Alexandria

et M. Félix-Faure au Palais de Péterhof.

DEUXIÈME JOURNÉE.

Promenade à travers Saint-Pétersbourg
et visite des monuments de la capitale. Cet
itinéraire peut être mis en parallèle avec la
visite de Paris lors de la venue en France
de l'amiral Avellan et des souverains russes.

Le beau temps de la veille ne s'est pas
maintenu mais la pluie ne peut rien contre
l'enthousiasme de la foule. Le Président
malgré les fréquentes ondées a tenu à se
montrer en voiture découverte. Il a conquis
le cœur des braves gens qui se pressaient
sur son passage pour le saluer.

M. Félix-Faure a commencé sa journée
par une visite à l'asile d'enfants de Péterhof
placé sous le patronage de l'Impératrice.

A dix heures trente le Président s'embar-

que sur l'*Alexandria* avec les généraux Bilderling, Hagron et M. Le Gall que tous félicitent d'avoir reçu le Grand Cordon de
Sainte-Anne que vient de lui conférer l'Empereur. Le déjeuner a lieu pendant le trajet. La table du Président comprenait dix
couverts, d'autres tables étaient dressées à
droite et à gauche du yacht.

A onze heures trois quarts l'*Alexandria*
s'est approché du débarcadère, au milieu
de hourras frénétiques. M. Félix-Faure se
dirige lentement sur le quai et produit une
profonde impression sur la foule par sa
haute taille et son visage souriant.

Tous les personnages présents s'avancent
pour la réception. Le maire de la ville entouré du conseil municipal souhaite la bienvenue au Président et le préfet présente le
haut personnel des administrations.

Le président passe devant le front de sa
garde d'honneur et dit à haute voix en rus-

se, aux soldats : « Zdravia molodsti ! »
« Portez-vous bien mes braves ! »

L'enthousiasme du public n'a plus de bornes, des tonnerres d'acclamations se font entendre et émeuvent le Président à un tel point qu'il est forcé de s'arrêter pour faire face à la foule.

M. Félix-Faure monte en calèche escorté par un peloton de cosaques. Il aurait sûrement été escorté aussi, par la foule en délire si la police n'avait prudemment opposé une vive résistance aux innombrables manifestants ; mais l'ordre ne tarde pas à se rétablir grâce au défilé des voitures de la suite présidentielle, du personnel de l'ambassade de France et des personnages officiels russes. M. Hanotaux est l'objet de fréquentes ovations sur son passage.

Le cortège suit les quais de la Néva jusqu'à la hauteur du pont flottant Troïtsky et gagne la place de la cathédrale Saint-Pierre et Saint-Paul. Conduit par le général Ellis

le Président visite la Cathédrale toute tendue
de draperies et illuminée à profusion, il se
dirige vers le **tombeau d'Alexandre III** devant lequel il s'incline profondément, puis
il dépose sur le tombeau la palme funéraire
due à Falize. C'est un simple rameau d'olivier en or délicatement travaillé sur lequel
s'enroule une banderole portant ces mots :
In pace concepta format tempus. (Le temps
assure les actes entrepris pendant la paix.)
Deux médailles, retenues par une chaîne d'or,
portent d'un côté la tête de la République —
l'œuvre exquise de Roty — et les armes de
Russie ; de l'autre, des inscriptions commémoratives.

Le rameau d'olivier était contenu dans un
superbe coffret d'ébène, portant sur une
plaque d'or un A, chiffre de l'auguste dé-
funt, entouré de la couronne impériale et
des couronnes de chêne et de laurier qui,
avec une feuille de palmier et une branche
d'olivier, forment un motif très décoratif.

De la cathédrale M. Félix Faure se dirige en suivant les quais de la Néva et la 13ᵉ ligne jusqu'à l'asile de l'Association française afin d'assister à la pose de la première pierre du nouvel hôpital français. La cérémonie se fait avec l'appareil habituel devant les membres du conseil d'administration ayant à leur tête M. Castillon doyen de la colonie française. Le procès-verbal de la pose de la pierre, les pièces de monnaie française et russe sont placées dans un coffret et le Président de la République frappe les quelques coups de marteau d'usage. Il parcourt rapidement les salles de la maison de refuge et des compliments lui sont récités par les pupilles de la France.

Le Président est longuement acclamé par les nombreux Français qui avaient tenu à assister à cette imposante cérémonie.

Le cortège avec son escorte de cosaques traverse le pont Nicolas et arrive devant la « Maisonnette » de Pierre-le-Grand. Elle se compose d'un vestibule, de deux chambres et d'un cabinet, elle fut construite en 1703 au bord de la Néva par le Tsar Pierre-le-Grand pour surveiller la construction de Saint-Pétersbourg. Elle est l'objet de la plus grande vénération de la part des Russes.

Conduit par un pope, M. Félix Faure a d'abord visité la chapelle où les Russes viennent se prosterner. Il a examiné rapidement les divers objets faits par Pierre-le-Grand, une chaise, un escabeau et s'est ensuite rendu dans le jardin aboutissant à un petit ponton sur la Néva.

L'Empereur et le Président prennent place sur une chaloupe qui les conduit de l'autre côté de la Néva afin de procéder à la **pose de la première pierre du pont Troïtsky.**

Cette inauguration a lieu avec un éclat tout particulier, car c'est la première fois que l'Empereur Nicolas II consent à passer quelques instants dans sa seconde capitale avec un chef d'État étranger. Il faut même ajouter que cette cérémonie a été jointe au programme des fêtes officielles sur la volonté de l'Empereur qui a conservé la meilleure impression de l'inauguration à Paris du pont Alexandre III qu'il a présidée. Le temps peu favorable a empêché l'Impératrice de se rendre à cette cérémonie.

Une foule énorme qui rivalisait d'élégances remplissait les quatre immenses tribunes. Dans une autre tente d'aspect original étaient réunis les membres du Conseil de l'Empire, les ministres, les sénateurs, les conseillers municipaux et le clergé.

Quand le Président et l'Empereur débarquent les hourras des marins se font entendre et se mêlent aux hourras des spectateurs des tribunes, les hymnes des deux nations se font entendre simultanément.

L'Empereur porte l'uniforme de colonel de régiment finlandais. Il s'avance ayant à sa droite M. Félix-Faure et à sa gauche le maire de Saint-Pétersbourg. Le Président salue respectueusement le métropolite Palladius.

Les prières commencent alors et la cérémonie traditionnelle de la pose de la première pierre s'accomplit au milieu du plus grand recueillement. Le Président a frappé le premier les trois coups de marteau symboliques, puis l'Empereur et les grands ducs ont déposé chacun des pièces de monnaie sur une plaque en marbre ou a été gravé leur nom en lettres d'or.

Le métropolite a prié pour le Tsar et ensuite, fait presque sans précédent, pour le Président de la République et le peuple français.

La cérémonie terminée l'Empereur et M. Félix-Faure s'embarquent sur l'*Alexandria* pour retourner à la Maisonnette de Pierre-le-Grand où le Tsar prend congé du Président.

Le cortège se rend par les quais de la Néva à l'usine franco-russe dirigée par

M. Boucher. Le président quoique visitant rapidement les différents ateliers de cette importante usine s'y intéresse vivement et complimente chaleureusement son habile directeur.

Une délégation d'ouvriers revêtus de leur chemise rouge offrent le pain et le sel au Président après l'allocution de leur directeur.

Puis M. Félix-Faure et sa suite se rendent à la **fabrique des papiers de l'État** ; un magnifique album richement relié contenant des vues de la capitale est offert au Président avec des bustes en cuivre exécutés à la galvanoplastie représentant les Empereurs Nicolas Ier, Alexandre III, Nicolas II et l'Impératrice Catherine II.

Le programme de la journée comportait une visite à la **Cathédrale d'Isaac**. En dépit du temps effroyable 10,000 personnes au moins étaient massées sur la vaste place. L'arrivée du Président est saluée par une

PLANCHE V

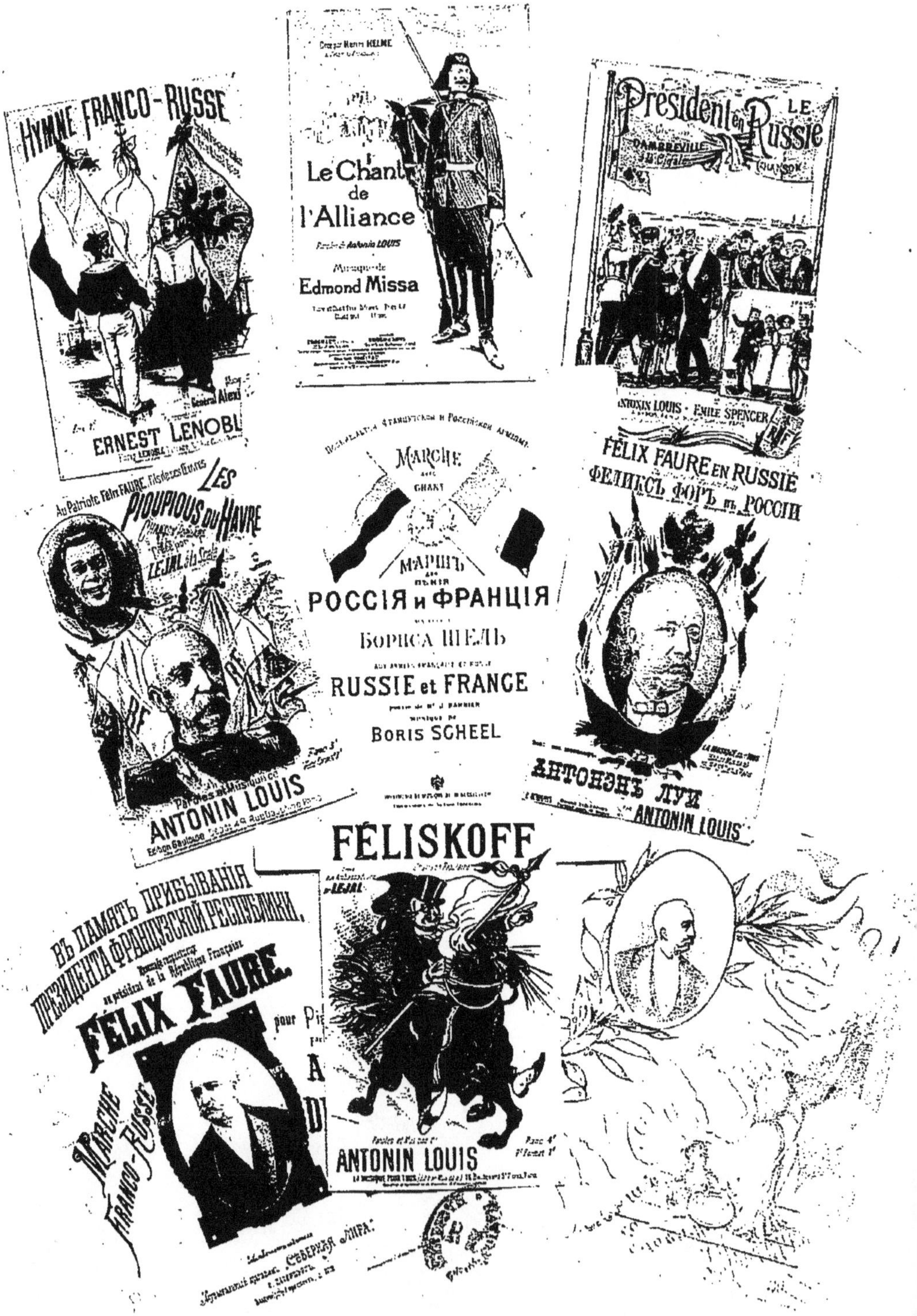

CHENE & LONGUET. Imp Phot.

immense clameur enthousiaste qui augmente
encore lorsque se retournant vers la foule il
salue à plusieurs reprises avant de franchir
le seuil de l'édifice.

Cinq mille personnes environ occupent
l'intérieur de la Cathédrale. M Félix-Faure
est reçu par le clergé revêtu de ses ensei-
gnes sacerdotaux. L'épiscopat salue profondément et entonne la prière pour l'Empereur, la famille impériale, la France et se
retournant vers le Président lui souhaite une
longue vie, incident remarqué et favorable-
ment accueilli par tout l'auditoire. Les
prières terminées le cortège fait le tour de
l'église et le Président remonte en voiture.
Il se rend ensuite aux diverses ambassades
où il dépose sa carte. Les visites de la journée sont terminées, il est quatre heures et
demie, lorsque M. Félix-Faure arrive au
Palais d'Hiver que l'Empereur a mis à sa
disposition.

Une compagnie de grenadiers, vétérans à

hauts bonnets à poils rend les honneurs. La haie est formée par le personnel du palais revêtu de costumes d'une richesse inouïe et dont quelques-uns portent des mitres de velours rouge décorées de plumes d'autruche grises et jaunes.

Le Président dit de nouveaux bonjours en russe aux soldats qui répètent la phrase réglementaire et se retire dans ses apparte-ments pour changer de vêtements car la pluie n'a pas cessé depuis le départ et durant le long trajet parcouru la voiture est restée constamment découverte.

La **présentation** du corps diplomatique dans la magnifique salle de Blanche, ornée de statues de marbre a été imposante. Les ambassadeurs d'Angleterre, d'Autriche, d'Es-pagne, de Turquie ont été introduits sépa-rément. M. Félix Faure s'entretient succes-sivement avec eux en présence de M. Ha-notaux. Quelques instants après, assisté du ministre des Affaires Étrangères, du général Hagron, de M. Le Gall, du général de Boisdeffre, de l'amiral Gervais et des officiers russes attachés à sa personne le Président entre dans le grand salon, chaque ambassadeur devant lequel il passe lui présente le personnel de son ambassade. Après la réception diplomatique le Président reçoit les délégations de la noblesse, de la corporation des marchands de Saint-Pétersbourg, de Nijni-Novgorod, de Cronstadt, de Moscou et de nombreuses communes et villes de l'intérieur qui lui ont offert de riches présents et en y joignant leurs félicitations les plus chaleureuses.

En présentant la municipalité de Saint-Pétersbourg le maire M. Ratkof Rojnov s'exprime ainsi :

Le peuple russe a été profondément touché de la réception faite à nos souverains par Paris.

Aujourd'hui, nous espérons que l'accueil que vous trouverez en Russie sera l'expression cordiale de la profonde estime que la nation entière porte à la France.

Soyez le bienvenu dans ce pays ami. Partout vous lirez, vous entendrez : « Vive la France ! Vive Paris ! » source du génie, du goût, de la lumière. J'ai l'honneur de vous offrir, selon l'usage, le pain et le sel, sur ce plat où vous trouverez les armes de la France, de la Russie, de Saint-Pétersbourg, de Toulon, de Cronstadt, emblême de l'amitié, garantie de la paix.

M. Ratkof-Rojnov termine en énumérant les cadeaux offerts par la ville de Saint-Pétersbourg parmi lesquels figure un album de vues de Saint-Pétersbourg richement relié, en argent émaillé de style byzantin.

Dans sa réponse, le président de la République, après avoir exprimé ses remerciements pour le souvenir que la ville de Saint-Pétersbourg a gardé de la réception faite par la France aux souverains russes, continue ainsi :

« Je suis extrêmement sensible aux souhaits de bienvenue que vous m'adressez au nom de la ville de Saint-Pétersbourg et à la forme touchante du pain et du sel sous laquelle vous les traduisez.

« Ces traditions cordiales de votre part ne me surprennent pas, surtout s'adressant au représentant d'un pays ami qui a chez vous tant de sympathies.

« Je suis profondément ému de l'accueil que vos concitoyens font au président de la République française.

« La France appréciera comment vous savez aimer vos amis ».

M. Félix Faure remet la plaque de grand-officier de la Légion d'honneur au maire de Saint-Pétersbourg en lui donnant l'accolade.

Voici l'adresse lue par le maréchal de la noblesse de Saint-Pétersbourg :

Monsieur le président,

Lorsqu'en 1893, la noblesse de Saint-Pétersbourg, profondément reconnaissante de l'accueil cordial et fraternel dont la France honora nos braves marins, applaudissait unanimement aux paroles émues de son représentant, le comte Bobrinsky, adressées à M. l'ambassadeur de France et à la réponse éloquente de S. E. le comte de Montebello, nous nous sentions heureux et fiers d'interprêter les sentiments que tous nos concitoyens portaient dans leurs cœurs.

« Depuis, le monde entier fut témoin de la réception grandiose et éclatante que la France prépara à nos augustes et bien-aimés souverain et souveraine, de cette époque inoubliable où les cœurs des deux grandes nations, émerveillées des manifestations superbes et pacifiques qui se déroulaient devant elles, battaient à l'unisson.

« Aujourd'hui, c'est la Russie qui a l'honneur de recevoir le représentant de la France amie ! Les acclamations joyeuses et les vifs témoignages de l'émotion universelle qui accueillent le président de la République française, et qui, pendant votre bien court séjour ici, vous suivront partout, trouveront un profond et vivant écho dans toutes les parties de notre vaste patrie.

« Quelle grande satisfaction pour nous, monsieur le président, d'avoir, en qualité de maréchaux de la noblesse de Saint-Pétersbourg, l'heureux privilège de pouvoir, en vous exprimant nos souhaits chaleureux de bienvenue, vous prier de transmettre à toute la France le témoignage des sentiments de profonde sympathie et d'union parfaite qui nous animent !

Puisse ce beau lien moral rester indissoluble, qu'il garantisse le progrès pacifique et sublime de deux grandes nations et de deux peuples généreux !

Saint-Pétersbourg, août 1897.

Le maréchal de la noblesse de Saint-Pétersbourg. A. Sinovieff : les ma-

réchaux de la noblesse des dis-
tricts de Saint-Pétersbourg, de
Schlüsselbourg, de Tsarsokïe-Sélo,
de Peterhof, de Iambourg, de No-
vaïa-Ladoga, de Louga.

Cette adresse est remise à M. Félix-Faure
sur parchemin. Elle est enfermée dans un
album de jade verte avec les armes de la
ville de Saint-Pétersbourg, le cadre formé
de drapeaux russes et français entrelacés en
émail. Six diamants tiennent l'écusson des
armes de la ville.

Le maire de Saint-Pétersbourg présente
les conseillers municipaux. Il offre le pain
et le sel sur un admirable plat d'or de style
byzantin, émaillé bleu et d'un grand prix. Il
est orné des armes de Pétersbourg, Paris
Toulon et Cronstadt, les lettres R. F sont
placées à la partie supérieure et les armes
de Russie à la partie inférieure.

Le Prince Galitzine présente la noblesse de

de Moscou et offre en son nom un grand bol
à punch et les tasses en vermeil de style
russe du XIVe siècle ; le bol représente la
forteresse du Kremlin.

Le prince Lovof lit une adresse rappelant le séjour des marins russes en France.
Il prie le Président de transmettre à toute
la France le témoignage des sentiments de
profonde sympathie et d'union parfaite qui
animent la noblesse du district de Saint-Pétersbourg.

Le prince a offert le texte de l'adresse
contenu entre deux lames de népirite bleue
garnies d'or pur.

Le dîner à l'ambassade de France, offert
par le Président de la République, a été des
plus brillants et comprenait cinquante couverts.

M. Félix Faure avait à sa droite la Baron-
ne de Morenheim et à sa gauche la duchesse de Montebello.

M. Hanotaux était assis en face du Prési-

dent, il avait à sa droite M. le comte Mouraview.

Le menu encarté dans une reliure en bris-
tol ivoiré aux armes de M. Félix-Faure était
décoré d'un frontispice de G. Clairin représentant une renommée qui relève au-dessus de sa tête les plis d'un drapeau français. Attaché à un faisceau de licteur un
écusson porte les initiales R. F. en or ; on
lit sur le frontispice les mots « Ambassade
de France, et au dessous « Dîner du 12/24
août 1897.

Le dîner a eu un caractère tout intime.

A l'issue du banquet le Président a reçu les
délégués des députations des colonies françaises, il les félicite de faire aimer au loin
le nom du pays et fait l'éloge des dames
françaises qui pratiquent à l'étranger les traditions de charité et de solidarité qui sont
l'honneur de la France. En s'adressant aux
dames en général nous comprenons que le
Président n'a voulu nommer personne, mais

nous sommes persuadés que comme nous, il
remerciait madame la duchesse de Montebello de ses nombreux actes de bienfaisance.
Les délégués de Cronstadt sont les plus
nombreux.

La manifestation de la ville de Nijni-Novgorod a été très touchante. M. Smetamime
président de la Douma offre à M. Félix-
Faure la reproduction en or de la vieille
icône qui protège la plus ancienne capitale
de la Russie, et dit en la lui remettant : Il
est dans les traditions russes d'offrir seule-
ment cette image à ceux auxquels nous
voulons du bien, c'est vous dire si en vous
faisant ce présent nous souhaitons de tout
cœur du bien à la France et à son Président. — M. Félix-Faure remercie le délégué
de cette marque touchante à laquelle il est
très sensible.

Le Président de la République a décerné
la croix de la Légion d'honneur à M. Gui-
rau-Desprez, négociant à Moscou, et à M. Jau-

nes de Sponville et les palmes à divers
membres de la colonie.

Pendant la soirée une foule immense massée sur les quais de la Néva devant l'hôtel
de l'ambassade a acclamé le Président de
la République.

Par deux fois M. Félix-Faure a dû paraître au balcon pour saluer la foule. Il a été
l'objet d'ovations enthousiastes qui se sont
répétées à son départ et sur toute la route
jusqu'à la gare Baltique où il est monté vers
11 heures dans le train impérial qui l'a ramené à Pétersbourg prendre un repos bien
mérité. On pourrait appeler cette journée
qui vient de s'écouler si rapidement la journée du Président. Nous l'avons vu partout
et il a été vu de tous.

Quand il reçut le corps diplomatique au
Jardin d'Hiver aussi bien que lorsqu'il reçut
les députations de Saint-Pétersbourg et des
villes de province , le président fit la con-
quête de tous par l'aisance de son maintien,

la bonhomie et la finesse de ses réparties : et ce fut pour tous les Français présents une joie immense que de voir le chef de l'Etat remplir si dignement sa mission.

A la fin de l'audience, il avait charmé tout le monde. Son habile et fine réponse aux maires de Saint-Pétersbourg et de Moscou obtint tous les suffrages et provoqua de flatteuses acclamations.

On doit comprendre toute l'importance de cette réception qui a montré combien les sentiments de sympathie pour la France, répandus dans toute la Russie, sont sincères. En un mot, ce fut pour la France une belle et bonne journée.

Le dîner offert aux officiers des vaisseaux français par la municipalité n'a été qu'une longue manifestation d'enthousiasme ; les toasts prononcés ont été nombreux et chaleureux. Les sous-officiers et marins français dînaient à l'Aquarium et à l'Arcadia, là encore l'enthousiasme approchait du délire.

La *Marseillaise* et *l'Hymne russe* et la *Marseillaise* alternaient sans cesse, étaient repris en chœur par les milliers d'assistants ; certains matelots, un peu surexcités lançaient leurs casquettes au plafond en signe de joie.

Le temps a nui aux illuminations mais n'a pas empêché une foule nombreuse de parcourir la perspective Newsksy et la Korskaïa.

TROISIÈME JOURNÉE.

24 *août*.

Cette journée qu'on pourrait appeler la journée de l'armée russe s'est écoulée au milieu de nouvelles ovations, elle a rappelé à tous la revue passée par l'Empereur au Camp de Châlons.

Le Président quitte le palais de Péterhof à dix heures et se rend à la gare pour prendre place avec l'Empereur et l'Impératrice dans le train qui doit les conduire à Krasnoié-Sélo. Le temps est menaçant mais tout le monde espère qu'il sera plus clément que la veille.

L'Empereur est en uniforme de colonel des grenadiers de la garde avec le cordon de la Légion d'honneur en sautoir, l'Impératrice est drapée dans un manteau de moire blanche brodée or avec garniture de dentelles, autour du cou est passé le ruban bleu de Saint-André. Le Président est en habit noir avec le cordon de Saint-André en sautoir et la croix de la Légion d'honneur réduite à la boutonnière.

Le train arrive à onze heures à la gare de Krasonié-Sélo. Pendant tout le trajet la voie était gardée militairement par des sentinelles placées de distance en distance.

Le service de garde d'honneur était fait à la gare par une compagnie du régiment Préobragenski avec drapeau et musique.

Les souverains, leur hôte et sa suite sont reçus sur le quai par le grand duc Wladimir commandant en chef des troupes de la garde et le grand-duc Nicolas Nicolaiewich inspecteur général de la cavalerie. Dans les salons de la gare sont réunies les grandes-duchesses. L'Empereur et le Président prennent place dans la première voiture, l'Impératrice et la grande duchesse Wladimir dans la seconde. Sans aucune escorte le cortège franchit au galop les trois kilomètres qui séparent la gare du camp et passent sous de nombreux arcs de triomphe plus majestueux les uns que les autres. A signaler plus particulièrement celui qui est érigé à l'entrée du camp militaire, il est composé de casques, de cuirasses et de lances et surmonté de l'aigle impériale portant les initiales R. F. et de drapeaux aux couleurs russes et françaises.

La tente impériale, élevée d'une dizaine de mètres est recouverte d'une toile grise bordée jaune et noir, surmontée du pavillon de l'Empereur.

Добро пожаловать!

Soyez les bienvenus!

Добро пожаловать!

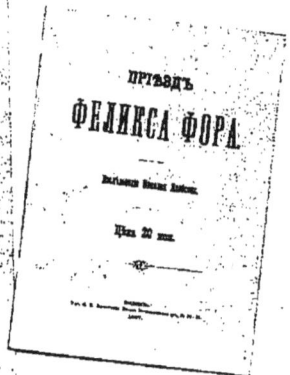

Le Tsar conduit M. Félix-Faure et la Tsarine au premier rang de la tente impériale. Au second rang prennent place la grande-duchesse Wladimir ayant à sa droite M. Hanotaux et à sa gauche le prince indien Kapourtela. On remarque aussi la comtesse de Montebello en toilette et en chapeau bleus, le général de Boisdeffre, l'amiral Gervais, le comte de Montebello, le général Hagron, M. Le Gall, les commandants Bourgeois, de La Garenne, Pauffin de Saint-Morel, etc.

Une estrade est réservée aux attachés militaires étrangers et aux personnages de la cour, l'autre est réservée au public.

L'Empereur monte un superbe cheval de sang, et vient se placer devant ses invités. A sa droite se groupent les généraux Vanowski, Costande, Hall; à sa gauche les généraux Vanowski, Grunswald, le colonel Nepokoctzechowski et deux trompettes particuliers de l'Empereur.

Le Tsar donne l'ordre de commencer

sans tirer le sabre du fourreau, il ne passe pas la revue des troupes. C'est à un défilé de cinquante mille hommes qu'assiste le Président de la République.

Les musiques de l'infanterie font face à la tente du côté droit et les musiques de la cavalerie du côté gauche.

Le corps de la garde impériale ouvre la marche. L'Empereur crie « Merci mes garçons » et les soldats répondent : « Nous sommes heureux de satisfaire Votre Majesté. » Durant le défilé et à chaque nouveau régiment l'empereur le remercie en disant tantôt merci tel régiment, ou merci mes braves.

Les bataillons des écoles militaires du génie commandés par le grand-duc Wladimir et les cosaques de la garde du Caucase défilent par ligne de cent hommes.

Au fur et à mesure que chaque régiment arrive à la hauteur de la tribune impériale son colonel salue de l'épée M. Félix-Faure et l'Empereur à la droite duquel il se place pendant la durée du défilé.

L'Empereur salue militairement les officiers et les drapeaux et le Président se découvre, devant les drapeaux déchiquetés par les balles et les boulets.

Les régiments les plus remarqués sont les régiments Semenowsky et Ismaïlowski; le premier bataillon finlandais de l'Empereur, et le régiment Irkoustky du grand-duc héritier.

Les cavaliers ont le fusil appuyé sur la cuisse.

Les soldats d'infanterie ont le fusil à l'épaule et la couverture roulée en bandoulière.

Les cosaques de l'Empereur portent la lance la pointe en bas et la carabine sur l'épaule.

Les cuirassiers de l'Empereur sont tous montés sur de superbes chevaux alezans.

Les hussards de l'Impératrice ont tous des chevaux blancs.

Le régiment des lanciers de l'Impératrice, commandé par le prince Napoléon, est très remarqué.

L'artillerie avec ses petits canons-mortiers attire l'attention du Président de la République.

Plusieurs régiments sont précédés de chiens admirablement bien dressés.

Un aérostat militaire portant sur son enveloppe « Vive la France, 1897 », est lâché à la fin de cette cérémonie militaire si imposante.

L'Empereur met aussitôt pied à terre et s'entretient avec son entourage. Les élèves des écoles militaires sont promus officiers par le Général Makhotine et répondent par des acclamations.

L'Impératrice fait appeler parmi eux deux pages ayant servi auprès d'elle pendant l'année et désigne quatre élèves pour entrer dans son régiment de lanciers. Suivant une coutume russe, les quinze pages promus officiers, ont été introduits auprès de l'Impératrice et des grandes-duchesses pour recevoir de leurs mains, les brevets qui leur sont destinés.

Le Président leur remet à chacun la nouvelle médaille d'honneur française sur laquelle est gravée d'un côté la tête de la République, de l'autre, « 1897 », surmonté d'un ruban tricolore. Lorsqu'ils retournent devant les huit cents jeunes officiers composant la promotion tous crient à plusieurs reprises « Vive la France! »

L'Impératrice et la grande-duchesse Wladimir montent dans la première voiture, l'Empereur et le Président dans la seconde. Le défilé du retour commence aux acclamations de la troupe qui forme la haie, acolamations qui se continuent jusqu'au pavillon impérial de Krasnoié-Selo où doit avoir lieu le déjeûner militaire. Sur le parcours l'Empereur montre à M. Félix-Faure les soldats massés en rangs épais qui ne cessent de pousser des hourras à l'adresse de la France et du Président. Le retour se fait à une allure très vive, car la pluie tombe abondamment.

Le pavillon où a lieu le déjeûner est fort élégamment décoré de feuillages, de plantes, et de fleurs. Contrairement à l'usage, l'Empereur et l'Impératrice ont décidé que les invités seraient rangés autour de la table d'honneur au centre de laquelle préside l'Impératrice ayant à sa droite M. Félix Faure et à sa gauche l'Empereur Nicolas II. Les autres convives sont les grands-ducs et grandes-duchesses, M. Hanotaux, le comte Mouraview, le comte de Montebello, M. de Morenheim tous les généraux russes et tous les officiers français.

La conversation a été très cordiale pendant tout le repas entre les uns et les autres.

Au dessert le Président Félix-Faure se lève et porte le toast suivant :

« A Paris, dans les Alpes, lors de mon dernier voyage à Dunkerque, enfin au moment
où je m'embarquais pour venir saluer la
Russie et son auguste Empereur, le vœu
unanime que m'a exprimé l'armée française
a-été que je porte à l'armée russe la nouvelle et toujours sincère assurance de sa
profonde amitié.

« C'est avec joie, et aussi avec émotion, que
je transmets ce vœu à Votre Majesté et
que je la prie de le faire connaître à ses
troupes.

« Leurs vertus militaires nous étaient con-
mues. Nous venons, dans un inoubliable spectacle, d'admirer leurs aptitudes, leur entraî-
nement, leur puissante organisation.

« L'armée française, que Votre Majesté a
vue à Châlons, acclame de loin l'armée
russe et lui exprime en ce jour solennel ses
sentiments de réciproque confiance et de
confraternité d'armes.

« Je lève mon verre en l'honneur de Votre

Majesté Impériale, de Sa Majesté l'Impératrice et des membres de la famille impériale.

« Au nom de l'armée française, je bois à l'armée russe. »

L'empereur se lève à son tour et répond :

« Je lève mon verre en l'honneur de nos camarades de la vaillante armée française, que je m'estime heureux d'avoir pu admirer à Châlons et dont je me félicite de voir ici les dignes représentants.

« Ces deux toasts ont été écoutés debout par toute l'assistance et suivis de *l'Hymne russe* et de la *Marseillaise.*

Le train impérial a ensuite ramené l'Empereur, l'Impératrice, le Président et les personnages de leur suite à Péterhof où un grand dîner en l'honneur du Président était servi dans la salle Pierre-le-Grand.

Les officiers de l'escadre française tout spécialement invités, sont arrivés à sept

heures accompagnés par le capitaine Mar-
tnoff attaché naval à Paris.

Le dîner a commencé à huit heures un
quart.

La salle avait reçu la même décoration que
l'avant-veille, des gerbes de roses de. France ornaient la table.

L'Impératrice était placée entre le Président qu'elle avait à sa droite et l'Empereur
qui était à sa gauche. Etaient au nombre des
autres convives les grands ducs et grandes
duchesses les personnages de la suite présidentielle et hauts dignitaires de la cour impériale.

Au dessert l'Empereur a prononcé le toast
suivant :

« Il m'est infiniment agréable de boire à
la prospérité de la belle flotte française entourée de ses représentants hautement esti-
més.

« J'aime à me souvenir que le brillant
aspect de l'escadre a ouvert la série des im-

7

pressions inoubliables qui se sont succédé
durant notre séjour en France. »

M. Faure a répondu :

« Je me réjouis de voir une fois de plus
fraternellement réunis les représentants de
la marine russe et les représentants de la
marine française.

« Votre Majesté me permettra de les con-
fondre dans une même pensée d'affection.

« Je lève mon verre en l'honneur de la
marine russe. »!

A l'issue du dîner les invités se répandent
dans les salons. Les souverains et leurs hôtes
assistent ensuite de la terrasse de Montplai-
sir aux illuminations du parc qui sont réelle-
ment féeriques. Un magnifique feu d'artifice
est ensuite tiré.

La pluie qui ne cesse de tomber ne par-
vient pas à arrêter l'enthousiasme de la foule
qui salue d'acclamations incessantes le Président Félix Faure se rendant au Grand Palais
et les souverains russes au Palais Alexandra.

QUATRIÈME JOURNÉE.

La matinée est employée par M. Félix-
Faure à l'échange des dernières visites et
aux préparatifs de départ.

Le Président prie le ministre de l'intérieur
de transmettre ses félicitations au gouverneur de Saint-Pétersbourg, et au général
Lemiakini, il fait don d'une somme de 25,000
roubles aux pauvres de Saint-Pétersbourg.

Le Président a fait en outre présent d'objets en porcelaine de Sèvres et de riches
objets d'arts et d'orfèvrerie au comte Mou-
rawiew, au général Vannowski, au prince
Dolgorouki, à M. de Witte, au général Bilderling, au général Obroutchef, au comte
de Benkendorf, au comte Woll gouverneur
de Saint-Pétersbourg, et au comte Hendri-
kof.

En outre ont été fait, grands-croix : le

grand-duc Cyrille, l'amiral Tyrtow, ministre
de la marine ;Goremykine, ministre de l'intérieur ; M. Mouraview, ministre de la justice ; baron Freederickz ministre de la cour,
et M. Khilkow, ministre des voies et com-
munications.

Le prince Galitzine, maire de Moscou, a
reçu la plaque de grand-officier. Plusieurs
membres des Doumas de Saint-Pétersbourg
et de Moscou ont été faits officiers et che-
valiers.

Cinq plaques de grand-officier ont été
distribuées aux généraux et deux aux amiraux.

Ont été ensuite distribuées 79 croix de
commandeur, 110 d'officier et 300 de che-
valier aux fonctionnaires de la cour impériale, aux officiers de terre et de mer et à
des fonctionnaires civils de divers ordres.

Un grand nombre de médailles d'honneur
en or, en argent et en bronze ont été dé-
cernées aux fonctionnaires ou serviteurs

attachés à la personne de M. Félix-Faure et à sa suite.

Si, du côté français, les choses ont été faites avec une grande largesse, le gouvernement russe a montré une non moins grande générosité.

M. Hanotaux et le général de Boisdeffre ont reçu de grandes tabatières en émail et en or avec le portrait de l'Empereur. M. de Montebello a reçu le portrait du Tsar avec autographe.

D'autres cadeaux non moins importants ont été faits à différents personnages, parmi lesquels MM. Regnault et Mollard. En outre, l'Empereur a distribué les décorations suivantes : grand-croix de Saint-Alexandre Newsky, l'amiral Gervais ; grand-cordon de Sainte-Anne, M. le Gall ; grand-cordon de Saint-Stanislas, le général Hagron ; plaque de Saint-Stanislas, M. Blondel ; commandeur de Saint-Anne avec brillants, les commandants Bourgeois, de Lagarenne, Meaux-

Saint-Marc, MM. Bertrand et Saint-Olive.

A dix heures, le Tsar, la Tsarine et le Président arrivent au débarcadère de Peterhof, provoquant sur leur passage un enthousiasme indiscriptible, d'autant plus grand que le séjour de M. Félix-Faure n'est plus qu'une question de quelques heures.

Avant de s'embarquer sur l'*Alexandria* avec l'Empereur et l'Impératrice, le Président prend congé de la manière la plus cordiale des grands ducs, qui n'allaient point à Cronstadt.

La musique joue la *Marseillaise* et la foule pousse des hourras, des salves d'artillerie retentissent.

Le *Strella*, ayant à bord le grand duc Alexis Alexandrowitch, suit de près le yacht impérial.

Plusieurs canots avaient amené à bord du *Pothuau* les membres de la presse, les généraux Richter, Hesse, le baron Frederickz, les comtesses Galitzine, Wassilichi-

kowa, dames d'honneur, et enfin M. Hanotaux, le comte Mouraview, l'amiral Gervais,
le général de Boisdeffre, le comte de Montebello et le lieutenant-général Bilderling.

A midi, l'*Alexandria* s'avance en rade
de Cronstadt, ayant à bord les souverains
et leur suite. Le *Pothuau* arbore aussitôt
le grand pavois et les marins se portent à
la bande et poussent les hourras réglementaires.

Une chaloupe de l'*Alexandria* est mise à
la mer et transporte, sur le yacht impérial
russe le *Standart*, l'Impératrice et les deux
Chefs d'État.

La visite du bâtiment commence et dure
cinquante minutes, puis M. Félix-Faure descend dans un canot conduit par dix-huit
marins et qui le mène sur le *Pothuau* tandis que l'Empereur et l'Impératrice restent
sur le *Standart*.

Avec une rapidité toujours croissante le
Standart s'approche de la flotte française

et le défilé commence, des hourras poussés
par les équipages se font entendre lorsque
le yacht impérial passe devant le front des
navires.

Le Président qui s'entretient avec l'amiral de Courtilhe et les officiers généraux
dans le grand salon du *Pothuau* est averti
par l'officier de quart de l'approche des souverains russes.

Il est midi cinquante quant le canot impérial aborde le *Pothuau*.

L'Empereur débarque le premier, l'impératrice donne sa main à demi gantée à bai-
ser au Président de la République et à
l'amiral de Courtilhe qui sont venus à la
coupée au-devant de leurs augustes hôtes
auxquels elle fait un gracieux salut.

Les souverains russes sont conduits dans
le grand salon du cuirassé suivis par les
grands ducs, les grandes duchesses. M. Hanotaux, le ministre de la marine russe, les
officiers supérieurs et les personnages de la

MAIRIE DE NANCY

Mes Chers Concitoyens,

L'Alliance de la France avec la Russie vient d'être officiellement proclamée.

Ce grand événement soulève dans tous les cœurs une patriotique émotion.

Afin de manifester notre satisfaction, pavoisons nos maisons jusqu'au retour en France de M. le Président de la République.

Vive la République !

Fait à l'Hôtel-de-Ville, le 27 Août 1897.

Pour le Maire, en congé,
L'Adjoint Délégué,
ROYH.

RÉPUBLIQUE FRANÇAISE.

VILLE DU HAVRE

Chers Concitoyens,

Un fait dont les conséquences seront incalculables pour notre pays vient de se produire.

Dans une circonstance solennelle, le PRÉSIDENT DE LA RÉPUBLIQUE, parlant au nom de la France, et S. M. L'EMPEREUR DE RUSSIE, viennent de confirmer et de proclamer l'amitié et l'alliance formelle des deux pays.

Vous ne pouvez rester indifférents à un tel événement.

Mercredi prochain, M. FÉLIX FAURE, Président de la République, que nous avons été heureux de saluer en votre nom, à son départ pour ce voyage mémorable, doit rentrer dans notre ville.

Vous tiendrez à vous associer par votre attitude à la célébration d'une alliance si profitable aux deux pays, et à remercier le Chef de l'État du rôle décisif qu'il a rempli dans la circonstance au mieux de l'intérêt national.

L'Administration municipale et le Conseil vous invitent donc à pavoiser et à illuminer à l'occasion du retour au Havre de M. FÉLIX FAURE, Président de la République.

Vive la France !   Vive la Russie !
Vive Félix Faure !
Vive la République !

Le Maire du Havre,
T. MARAIS.

suite pendant que les marins poussent les cinq hourras réglementaires.

Le pavillon impérial est hissé du côté du Pavillon du Président. La musique joue l'*Hymne russe*.

Une courte visite du navire précède d'un quart d'heure le commencement du déjeûner.

La table est dressée à l'arrière du navire sous une tente formée de drapeaux. Au fond on remarque des motifs décoratifs formés de canons et d'armes. Le service est fait dans de la porcelaine de Sèvres, les verres sont marqués aux initiales F. F.

La table d'honneur forme le fer à cheval. L'Impératrice occupe le milieu, l'Empereur est à sa droite, le Président à sa gauche.

Sont assis à la droite de l'Empereur : la grande-duchesse Marie, le grand-duc Alexis, la princesse de Leuchtenberg, le grand-duc Paul, la princesse Galitzine, le grand-duc Dimitri, la dame d'honneur de l'impératrice, le grand-duc Pierre, le ministre de la marine russe, le comte de Montebello.

A la gauche de M. Félix-Faure, la grande-duchesse Elisabeth, le grand-duc Wladimir, la princesse d'Oldenbourg, le grand-duc Constantin, la comtesse de Montebello, le grand-duc Nicolas, la demoiselle d'honneur de l'Impératrice, les princes de Leuchtenberg et d'Oldenbourg et M. Hanotaux.

Deux autres tables formant prolongement de la table d'honneur sont réservées aux officiers supérieurs russes et aux officiers de la suite du Président au total quatre-vingts couverts.

Voici les deux toasts mémorables qui ont été portés au dessert à la fin de ce repas désormais historique. M. Félix-Faure se lève le premier et prononce le premier toast :

« Je remercie Votre Majesté Impériale et Sa Majesté l'Impératrice d'avoir si gracieusement accepté de venir passer quelques

instants sur un des bateaux de notre flotte.
J'en suis d'autant plus heureux qu'il m'est
ainsi possible de leur dire, à l'ombre de nos
couleurs, combien je suis touché de l'hospitalité qu'Elles nous ont offerte et jusqu'à
quel point nous sommes reconnaissants au
peuple russe de l'accueil grandiose qu'il fait
au Président de la République française.

« Votre Majesté a voulu arriver en France,
escortée par les marins russes et français :
c'est au milieu d'eux qu'avec une profonde
émotion je salue la Russie avant mon départ.

« La marine française et la marine russe
peuvent être fières de la part qu'elles ont
prise dès le premier jour dans les grands
évènements qui ont fondé l'intime amitié de
la France et de la Russie ; elles ont rappro-
ché des mains qui se tendaient et permis à
deux nations amies et alliées, guidées par
un idéal commun de civilisation, de droit et
de justice, de s'unir fraternellement dans

la plus sincère et la plus loyale des étreintes.

« Je lève mon verre en l'honneur de Votre Majesté, de Sa Majesté l'Impératrice. Au moment de me séparer d'Elles, je Les prie de recevoir les vœux ardents que je forme pour leur bonheur et celui de la Famille impériale.

« Au nom de la France, je bois à la grandeur de la Russie ».

L'Empereur a répondu au toast du Président :

« Les paroles que vous venez de m'adresser, Monsieur le Président, trouvent un vif écho dans mon cœur et répondent entièrement aux sentiments qui m'animent ainsi que la Russie entière.

« Je suis heureux de voir que votre séjour parmi nous crée un nouveau lien entre nos deux nations amies et alliées, également résolues à contribuer par toute leur puissance au maintien de la paix du monde dans un esprit de droit et d'équité.

« Encore une fois, laissez-moi vous remercier de votre visite, Monsieur le Président, et vider mon verre en votre honneur et à la prospérité de la France » !

La musique joue la *Marseillaise* ; les convives se rasseoient profondément émus.

En souvenir de sa visite, l'Empereur a offert au Président une garniture de bureau d'un merveilleux travail et d'un prix inestimable.

Après le déjeûner, l'Empereur et l'Impératrice ont conduit M. Faure sur le cuirassé *Russia* qui est un bâtiment monstre à cinq cheminées, le plus beau de la flotte russe et qui a été construit en 1896. C'est le type modèle des derniers perfectionnements de l'art naval. Le Président l'a visité avec un vif intérêt.

Le canot impérial reconduisit les deux chefs d'État et l'Impératrice Alexandra Feodorowna sur le yacht *Alexandria*. M. Félix-Faure, sur ce bâtiment, prit congé de Leurs

Majestés en les remerciant en termes émus de leur haute et chaleureuse hospitalité; il baisa respectueusement les mains de l'Impératrice et donna l'accolade à l'Empereur.

Il était exactement cinq heures lorsque M. Félix-Faure quitta le yacht impérial et prit place dans la chaloupe qui devait le ramener à bord du *Pothuau*. Lentement, comme à regret, le Président quitte l'*Alexandria* qui s'éloigne pour regagner Péterhoff.

A ce moment, les forts de Cronstadt et les vaisseaux russes tirent des salves d'adieu auxquelles répond l'escadre française. La rade est tout enveloppée de fumée, tandis que sur les nombreuses embarcations venues de Saint-Pétersbourg les musiques jouent la *Marseillaise*.

Le *Pothuau* passe, tenant la tête de la petite escadre française, le Président répond aux vivats en agitant son chapeau. Les marins russes placés sur les vergues et rangés sur les navires poussent des hourras prolongés.

A leur tour, le *Dupuy-de-Lôme* et le *Surcouf* s'ébranlent, salués des mêmes acclamations enthousiastes; puis, peu à peu, l'escadre française disparaît à l'horizon, escortée par sept torpilleurs russes.

LE RETOUR

DUNKERQUE. — PARIS.

Aussitôt connus en France, les toats du « *Pothuau* », mirent le comble à notre joie.

Paris sortit ses drapeaux en signe de réjouissance et l'idée germa dans le cerveau de tous les patriotes de célébrer le retour du Président par une fête qui tout en étant spontanée serait l'apothéose de ce voyage triomphal.

Pendant que les comités s'organisaient et que le programme de la fête s'élaborait, l'escadre présidentielle regagnait la France.

Une dépêche de Copenhague datée du

28 août nous apprenait que le *Pothuau* suivi du *Surcouf* était passé à 4 heures dans la partie orientale du Sund.

Une autre dépêche nous informait que les deux cuirassés français avaient été salués à Helsingeor à six heures du soir par les vaisseaux danois et suédois et par le canon des forts. Le *Dupuy-de-Lôme*, en raison de son tirant d'eau, avait dû passer par le Grand-Belt.

Le 31 la division présidentielle était mouillée devant Gravelines à 4 h. 55 et 4 heures après elle faisait son entrée dans le port de Dunkerque escortée par l'escadre du Nord.

Le Président, après avoir pris congé des officiers qui l'ont accompagné dans son voyage, descend dans un canot et aborde l'*Elan* où il reçoit la bienvenue de la part du conseil, des ministres et de leur entourage.

Le salut des batteries de terre répond à celui de l'escadre du Nord.

8

Il est 9 h. 45 lorsque le Président met le pied sur la terre de France. Les cris de « Vive Félix Faure », « Vive le Président » partent de toutes les poitrines, pendant que les clairons, les tambours sonnent et battent aux champs et que les musiques jouent la *Marseillaise* et l'*Hymne russe*.

M. Hanotaux est également très acclamé.

Le cortège se forme aussitôt et arrive à la chambre de commerce où une médaille commémorative est offerte au Président et un magnifique bouquet lui est remis pour Mlle Lucie Faure par un groupe de dames dunkerquoises.

Ensuite visite de l'hôpital Rosendael et vives félicitations adressées à M. Féran, fondateur et bienfaiteur de cet établissement.

A 11 h. 30 déjeûner au Kursaal. Le maire de la ville porte un toast très applaudi.

Le Président et sa suite prennent bientôt

congé des habitants de Dunkerque et se rendent à la gare pour se diriger vers Paris.

La décoration de la ville est superbe et le mauvais temps ne peut rien sur l'enthou-siasme général.

Le Président dès son arrivée a adressé à l'Empereur de Russie le télégramme sui-vant :

Dunkerque, 31 août 1897, 11 heures matin,

A Sa Majesté l'empereur Nicolas II,

aux grandes manœuvres,

par Varsovie.

Au moment où je touche au sol de la France, ma première pensée est pour Votre Majesté, pour Sa Majesté l'Impératrice et pour la nation russe tout entière.

L'accueil magnifique et cordial qui a été fait au président de la République provoque dans la France tout entière un sentiment d'émotion et de joie.

Il laissera dans nos cœurs un souvenir ineffaçable.

Je prie Votre Majesté d'agréer de nouveau l'expression de mes remerciements et des vœux que je forme pour son bonheur, pour celui de l'Impératrice et de la famille impériale, pour la grandeur et la prospérité de la Russie.   Félix-Faure.

Avant le départ fixé pour deux heures le Président a remis un certain nombre de croix de la Légion d'honneur et de médailles militaire à différents officiers et marins du *Pothuau*, du *Bruix* et du *Dupuy-de-Lôme*.

Le train présidentiel dont la machine est ornée de drapeaux français et russes passe à un allure rapide devant Hazebrouck, Béthune, Lens, Arras, Albert et s'arrête cinq minutes à Longueau pour reprendre sa course par Creil Chantilly et Saint-Denis. Sur tout le parcours les habitants lors du passage du train présidentiel agitent chapeaux et mouchoirs; en arrivant à Paris les ovations partent de la multitude qui est postée sur les fortifications, le bruit du canon se fait entendre. Le Président est dans Paris.

LA FÊTE DE L'ALLIANCE

A six heures précises le train présidentiel arrive à la Gare du Nord.

Sur le quai on remarque MM. Darlan, Bar-
thou, Cochery, Lubon, Rambaud et Turrel,
le baron Alphonse de Rotschild, M. Sauton,
M. Expert-Bezançon et de nombreux officiers supérieurs.

Les ministres serrent les mains du Président et le félicitent sur l'heureuse issue de
son voyage. Il est alors conduit, dans un
salon très artistiquement décoré. Le président du Conseil municipal de Paris, le président du Conseil général de la Se ne souhai-

tent la bienvenue au Président, le président du comité de l'industrie et du commerce est présenté à M. Félix-Faure.

Le cortège se forme aussitôt escorté par un peloton de gardes municipaux à cheval.

Le Président est monté en landau avec M. Méline, le général Hagron et le général Fredericksz en grande tenue ; dans la seconde voiture on remarquait M. Hanotaux, l'amiral Besnard, MM. Le Gall et Crozier. Sept autres suivaient.

Au moment où le cortège débouche de la gare du Nord une immense clameur s'échappe de la foule ; c'est partout les cris mille fois répétés de Vive Félix-Faure, Vive la Russie, Vive le Président. Les hommes agitent leurs chapeaux, les femmes leurs mouchoirs, leurs ombrelles, les terrasses des cafés sont noires de monde, les arbres abritent les plus intrépides, les balcons regorgent de monde et même sur les toits de certaines maisons on aperçoit des hommes et des femmes. Le landau présidentiel va lentement, M. Félix-Faure paraît très ému.

Le boulevard Denain et les rues adjacentes sont bondées de curieux.

La rue Lafayette avec ses trottoirs étroits a dû être déblayée par les agents quelques instants avant le passage du cortège tant la foule était compacte.

Lorsque le Président passe devant l'église Saint-Vincent-de-Paul il est salué par les drapeaux des sociétés des vétérans de la guerre contre l'Allemagne pendant que les applaudissements redoublent.

A l'angle des rues Lafayette et Halévy une véritable pluie de fleurs tombe sur la voiture présidentielle.

Le point central de la manifestation d'aujourd'hui était la place de l'Opéra. Dès quatre heures une foule élégante, comprenant toutes les notabilités du commerce et de l'industrie, garnissait la tribune d'honneur tendue de velours rouge à crépines d'or et rehaussées de fleurs et de feuillage.

Le Président est longuement acclamé et bien que ne devant faire aucun arrêt de la gare du Nord à l'Élysée, il donne l'ordre au cocher d'arrêter lorsqu'il arrive près de la tribune. Il est suivi de M. Méline, du général Hagron et du général Friederickz.

Après un échange de poignées de mains, M. Expert-Bezancon lit au Président l'adresse dont le texte lui avait été remis à la gare du Nord, et félicite les membres du comité du commerce et de l'industrie de l'initiative prise en son honneur.

M. Félix-Faure remonte en voiture pendant que les clairons sonnent aux champs et que la musique du 28ᵉ de ligne joue la *Marseillaise* et l'*Hymne Russe*.

Le cortège suit les boulevards des Capucines et de la Madeleine au milieu d'acclamations indescriptibles auxquelles le Président répond par des saluts.

La place de la Madeleine est couverte de

Cᴵᴱˢ DE L'OUEST, DU NORD, DE PARIS-LYON-MÉDITERRANÉE, D'O...
DU MIDI. — CHEMINS DE FER DE L'ETAT. Cᴵᴱ GENERALE T...

LA FRANCE

EN RUS...

CROISIÈRE

ORGANISÉE A L'OCCASION

DU VOYAGE DE M. LE PRÉSIDENT
DE LA RÉPUBLIQUE...

PAR LA *REVUE GÉNÉRALE DES SCIENCES*, AVEC LE CONCOURS DE LA C...
TRANSATLANTIQUE

ITINÉRAIRE:

Le Hâvre, Amsterdam, Copenhague, Revel, Saint-Pétersbourg, Stockholm, Visby (i Gotland), Canal de Kiel, Hambourg, le Hâvre

Départ (sauf changement): **15 AOUT**. — Durée du Voyage: **26 jours**

FÊTES DE Sᵀ-PÉTERSBOURG

EXPOSITION ᴅᴇ STOCKHOLM, FOIRE ᴅᴇ NIJNI-NOV...

PRIX DU HAVRE AU HAVRE

VOYAGE, TABLE DE PREMIÈRE CLASSE, LOGEMENT A BORD, EN MARCHE ET DURANT LES ESCALES

Place de CABINE B, **1000** fr. — CABINE C, **900** fr. — CABINE D, **750**
CABINES DE LUXE (A), **1500** fr. par personne.

EXCURSIONS FACULTATIVES

1ᵉ A MOSCOU
(1 jours) prix supplémentaire (hôtel et chemin de fer), 200 fr...
2ᵉ A MOSCOU ET NIJNI-NOVGOR...
(4 jours) prix suppl-mentaire, 300...

S'inscrire: 1ᵉ pour la croisière; 2ᵉ pour les excursions facultatives, à la Cᴵᴱ Générale Transatlantiq...
à Paris, ou à la Direction de la **Revue Générale des Sciences**, M. Amphoux, 54, rue de...

Dans le cas où, pour un motif quelconque, le voyage n'aurait pas lieu, les personnes inscrites et ayant versé le droit d'inscription ou le prix de...
n'auront droit qu'au remboursement de la somme versée.

...Versailles, Imprimerie CERF, 59, rue Duplessis.

curieux de même que les gradins de l'église
et le péristyle.

La rue Royale, la place de la Concorde,
l'Avenue des Champs-Élysées et l'avenue
Marigny sont occupés par des troupes d'infanterie qui font la haie.

Il est six heures cinquante-cinq lorsque le
Président prend congé des ministres qui
étaient venus l'accompagner.

A huit heures grand dîner à l'Élysée offert
aux ministres, au général Saussier, au vice-
amiral Gervais, à MM. Le Gall et Blondel et
aux officiers de la maison militaire.

Une fois le Président rentré à l'Elysée, la
fête a repris son animation et la foule s'est
répandue sur les boulevards pour voir les
illuminations dues à l'initiative privée. La
place de l'Opéra avec ses globes en celluloïd
qui traversent le boulevard nous donne l'il-
lusion des fêtes d'octobre 1896.

Tous les monuments publics sont illumi-
nés comme le jour du 14 juillet, les caser-

nes sont décorées avec le goût si personnel de nos soldats, les théâtres de l'Opéra et de la Comédie-Française offrent un spectacle gratis à la foule qui était massée aux abords de ces théâtres depuis de longues heures. De nombreux bals publics sont organisés et augmentent l'animation dans certains quartiers, il faisait grand jour que les intrépides danseurs réclamaient encore *l'Hymne russe* aux sons duquel ils dansaient.

L'enthousiasme n'était pas moins grand dans les autres villes de France ; les nombreuses dépêches qui ont été adressées aux journaux parisiens nous font savoir que la fête a eu partout le même entrain patriotique et c'est dans un même cri que cette journée du 31 octobre 1897, a dû se terminer au cri de :
Vive Félix-Faure ! Vive la République.

INDUSTRIE DU BIBELOT

LES COLLECTIONNEURS.

Une des conséquences de la visite impériale en France a été la création de collections d'objets franco-russes intéressant les
deux pays.

Pour se rendre une idée exacte de la profusion de bibelots qui ont été fabriqués
depuis l'année 1893, il faut visiter au Musée
Carnavalet, au Musée de Reims ou au Musée
impérial de Moscou les vitrines qui sont
remplies de ces souvenirs populaires.

Aucun ouvrage ne contient la nomenclature complète de ces objets, car toutes les

semaines on signale l'apparition d'échantillons nouveaux.

Plus de dix mois après le départ des souverains russes des cartes postales nouvelles
étaient livrées au commerce, deux assiettes
représentant l'Empereur et l'Impératrice s'é-
talaient aux devantures des marchands de
faïence.

Sans exagérer aucunement on peut affirmer que le nombre des objets franco-russes
signalant la venue des souverains en France
s'élève à plus de six mille.

Les collections les plus belles qu'il m'ait
été donné de visiter sont celles de MM. Raffalovich, celles du docteur Chevalet et celles
de M. F. Pichon.

Les objets dont elles se composent ont le
grand avantage d'avoir été achetés dans la
rue ou dans les magasins et reflètent donc
absolument le sentiment du pays à l'égard
de la Russie. Il est bon d'insister sur ce
point car de riches commerçants ont eu l'i-

dée, peut-être pas très heureuse de vouloir
s'offrir des collections uniques, en faisant
confectionner pour eux, suivant leur goût
(et quel goût !) des objets ignorés de tout
le monde. Ce procédé, vraiment baroque
mérite d'être signalé dans l'intérêt des vrais
collectionneurs et espérons qu'il ne trouvera
point dans la suite de nouveaux adeptes.

Dans ce chapitre de collectionneurs im-
mérites, adressons à M. le Baron Baye nos
félicitations pour les dons uniques qu'il fit
au Musée de Reims et au Musée impérial de
Moscou. Outre les bibelots qui furent offerts
à profusion par le patriote français signalons ici la quantité de drapeaux russes
et français qui ornent aujourd'hui ces deux
Musées. Mais ce qui augmente encore l'intérêt de ces dons, c'est la provenance authen-
tique de ces drapeaux et le souvenir qu'ils
évoquent. Les uns ont été arborés au Cercle Militaire en 1869 et en 1893 d'autres
ornaient des monuments officiels à Cronstadt

à Toulon à Moscou, espérons que bientôt
nos musées verront arriver de Russie des
drapeaux venant de Péterhof ou de Saint-
Pétersbourg et arborés au moment de la
visite présidentielle. Puissent ces derniers
communiquer aux visiteurs l'enthousiasme
qui les acclama pendant cette réception, que
l'univers nous envie.

M. M. Raffalovich outre ses nombreux bibelots possède une collection du plus vif intérêt pour l'étude et la marche de l'alliance
franco-russe. C'est la réunion des adres-
ses, délibérations et proclamations des maires de France et d'Algérie, extraits des re-
gistres des actes civils, dispositions prises
pour ces fêtes, etc., etc.. Les affiches des comités des fêtes, affiches des compagnies de
chemins de fer, les horaires du train impé-
riel et du train présidentiel font également
partie de cette collection unique. En un mot
tous les documents officiels s'y trouvent
réunis.

LES NOUVEAUX OBJETS EN FRANCE

ET EN RUSSIE

Durant le voyage du Président en Russie un grand nombre de bibelots ont été fabriqués à l'effet d'en perpétuer le souvenir. En France, pour la même occasion, les collections s'augmentaient et représentaient M. Félix-Faure sur tous les objets qui étaient créés.

Si en Russie le camelot est inconnu, en revanche les maisons de commerce et les bazars étaient encombrés de bibelots dont nous allons donner la nomenclature à côté de ceux qui nous livra à ce moment l'industrie parisienne.

C'est d'abord l'*Assiette du Président*, re-
produisant en quatre médaillons les principaux épisodes de sa vie et datés 1850 : M. Félix-Faure enfant ; 1860 : Le Président à l'a-
telier ; 1875 : armateur au Havre. 1880 : à la
tribune du Palais de Bourbon. Au centre de
l'assiette biographique le portrait fort res-
semblant en bleu de notre Président. Cette
assiette sort des faïenceries de Sarregue-
mines et peut faire pendant aux trois assiettes mises en vente l'année dernière représentant l'une l'Empereur de Russie, l'autre
l'Impératrice et la troisième les deux souverains.

La *boîte à cigarettes russes* contenant
dix cigarettes et fermée par un couvercle,
sur lequel est représenté M. Félix-Faure.

Les *boîtes à bonbons* sont nombreuses.
Elles affectent toutes les formes. Sur les
couvercles tantôt le Président y est représenté, tantôt c'est une scène militaire, tantôt ce sont des marins qui fraternisent, tan-

tôt ce sont des drapeaux entrelacés. Les côtés des boîtes sont coloriés en bleu, blanc et rouge.

La confiserie pour vendre ses produits, les a baptisés de noms français. Il y a le dessert Félix-Faure, le chocolat Félix-Faure, le bonbon Félix-Faure.

La Maison Blickhan et Robinson, de Saint-Pétersbourg, a innové des enveloppes à bonbons où est représenté le Président.

Le *bouquet du souvenir* composé de quelques myosotis piqués sur une épingle au-dessus d'un petit drapeau français en celluloïd.

La *broche populaire* sur laquelle on remarque la photographie très ressemblante du Président.

Les *bustes* de toutes les tailles et de toutes les compositions représentent le Président. Il y en a en plâtre peint, en biscuit, en terre cuite.

Les *cartes postales* illustrées qui ont

9

signalé le voyage en Russie sont au nombre
de dix-sept ; elles sont très jolies et représentent outre des scènes de marins russes
et français et des vues des bateaux de l'escadre présidentielle, de nombreux médaillons du Président, de l'Empereur et de l'Impératrice de Russie, de M. Hanotaux, de
l'amiral Gervais, du général de Boisdeffre.

Le *cinématographe* de poche représente le
Président saluant en levant et en abaissant
son chapeau. Ce petit bibelot est déjà connu
des amateurs, depuis l'année passée mais
c'était le Tsar qui y était représenté.

Des quantités de *cocardes* et de *petits
drapeaux* aux couleurs des deux nations
alliées sont portés par la population depuis
l'arrivée du Président en Russie.

L'*épingle de cravate* Félix-Faure obtient
les suffrages de tous.

Le *fil russe* que l'on encarte sur une étoile
en carton aux couleurs bleu, blanc, rouge se
vend dans les campagnes.

Les *médailles franco-russes* sont souvent très jolies, la plupart sont en argent et les drapeaux russes et français en émail qui y sont apposées en font un charmant bibelot, une cocarde tricolore en soie sert à l'attacher au vêtement.

Le *papier à cigarettes l'Alliance* mérite ici une place toute particulière. Il représente la France et la Russie sous les traits de deux femmes revêtues du costume national se tenant la main et abritées par les drapeaux des deux nations. Les médaillons du Tsar et du Président entourés de cornes d'abondance sont d'un effet charmant.

La *pelote franco-russe* est surmontée de deux petits soldats français et russes tenant chacun un drapeau en papier.

La maison Gambier a augmenté ses collections politiques par la création de la *pipe Félix-Faure* ; d'autres *pipes en bois* représentent également le Président.

Le *piquet de fleurs* françaises qui s'est

beaucoup vendu en Russie est composé de
marguerites tricolores.

Les *portraits* du Président sont nombreux.
Certaines villes de Russie en ont distribué
gratuitement des milliers, il est représenté
revêtu de son habit noir et tantôt avec le
cordon de Saint-André, tantôt avec celui de
la Légion d'honneur. Certains commerçants
ont reproduit ce portrait sur une mince
planchette.

Les trois *poupées* que le Président a offertes à la grande duchesse Olga sont de véritables petites merveilles, elles ont du reste
été très fêtées à Péterhof. La première de
ces poupées a salué la grande duchesse par
ces mots « Bonjour ma chère petite maman.
As-tu bien dormi cette nuit? » Elle a un réper-
toire de cinq chansons et d'un monologue.
La deuxième porte un costume vert d'eau à
fleurettes roses avec chapeau à plumes, éven-
tail, trois autres toilettes composent sa gar-
de-robe. La troisième poupée a quatre cos-

tumes locaux des provinces de France, tantôt on l'habille en Arlésienne, en Béarnai-
se, en Bretone et en Normande. Des bijoux
authentiques de chacune de ces provinces
vont avec chacune des toilettes.

A signaler aussi les *parfums* russes le
« Bouquet du Souvenir » le « parfum Félix-
Faure. » De nombreuses *publications* s'éta-
lent chez tous les libraires sous des couver-
tures aux trois couleurs : « Bienvenue aux
Français ! » « Gloire à la France ! » « Vive
les Français, » etc. Des brochures célébrant
l'arrivée du Président, des souhaits de bienvenue, des hymnes édités en Russie sont
imprimés dans les deux langues.

Les *questions* sont aussi d'actualité et
représentent le Président et le Tsar. La
maison Suchard a fabriqué une série d'enveloppes en chromos dans lesquelles sont ren-
fermés des échantillons de leur délicieux
chocolat et représentant les traits des mo-
narques européens ; font naturellement partie

de cette intéressante collection M. Félix-Faure et l'Empereur de Russie d'une grande ressemblance. Des *signets* aux couleurs françaises ou russes se vendent aussi pour marquer les pages des livres.

Pour terminer signalons l'initiative prise par un marchand de fruits de la Perspective Newsky d'apposer sur des pommes l'inscription « Vive la France » obtenue au moyen de papier découpé et exposé au soleil.

Nous avions déjà vu des fruits pareillement ornés lors de la venue en France des souverains russes. C'était alors l'Aigle impériale qui s'y trouvait représentée.

Puisqu'il est impossible de parler du voyage de M. Félix-Faure sans nous souvenir des fêtes impériales de 1896, signalons à la fin de ce chapitre le magasin d'articles franco-russes. « A la Pensée des Czars » qui a permis aux nombreux amateurs de compléter leurs collections tant le choix des articles qui y étaient réunis était considérable et de bon goût.

LES CHANSONS FRANCO-RUSSES.

Tout évènement politique est célébré par la chanson.

Le voyage du Président en Russie ne pouvait manquer d'augmenter le nombre déjà considérable des chansons franco-russes.

Le chansonnier populaire Antin Louis en publia à lui seul six qui obtinrent un grand succès d'actualité.

C'est d'abord :

Bon voyage, avec couverture illustrée représentant le Tsar et le Président se serrant la main.

Félix-Faure en Russie, avec couverture illustrée du médaillon du Président entouré de drapeaux. Le texte russe et le texte français sont en regard, la musique est un air populaire russe.

Le Président en Russie, avec musique de Spencer.

Le chant de l'Alliance avec musique de Missa en couverture illustrée de Vily.

Féliskoff avec musique de Spencer et couverture illustrée représentant le Président sur un cheval fougueux.

Les Pioupious du Hâvre avec couverture illustrée représentant M. Félix Faure en costume de capitaine.

Il y a encore à signaler :

L'apothéose franco-russe, paroles et musique de Th. de la Borde avec couverture illustrée.

Souvenir, recueil composé de l'hymne russe, de la Marseillaise et du Salut au Tsar. La couverture illustrée représente les médaillons de l'Empereur et de l'Impératrice, du Président et une allégorie.

L'Hymne franco-russe avec paroles françaises adaptées à l'hymne national russe, musique du Général Alexis Lwoff transcrite par E. Lenoble. La couverture représente deux marins se serrant la main ; des drapeaux russes et français en complètent l'illustration.

Parmi les nombreux morceaux de musique publiés en Russie signalons :

La Marche franco-russe pour piano par Derzand (hommage au Président de la République française) — la couverture est illustrée du médaillon de M. Félix-Faure.

Russie et France, marche dédiée aux armées : poésie de J. Barbier musique de Boris Scheel texte français et russe, la couverture est illustrée de drapeaux français et russes.

Ypa ! Vive la France avec couverture illustrée représentant le médaillon du Président entouré de branches de laurier.

Terminons en citant la brochure : *Soyez les bienvenus !* composée de huit pages sous une couverture illustrée représentant la Russie tendant les mains et entourée de dra-

peaux français. A l'intérieur les médaillons
du Président, de M. Hanotaux, de l'amiral
Gervais, du général de Boisdeffre. La Marseillaise paroles et musique y est également
contenue.

LES AFFICHES

Parmi les affiches franco-russes qui ont été apposées sur les murs durant la seconde quinzaine d'octobre il faut signaler tout d'abord celles des Chemins de fer français. L'une est tricolore et intitulée. « La France en Russie », l'autre est blanche et traversée par la croix bleue de Saint-André.

Le *Journal officiel* « édition des communes » fut affiché dans toutes les mairies de France.

Lorsque la date du 3 août fut choisie pour célébrer la Fête de l'Alliance une quantité de municipalités firent apposer des affiches afin de stimuler le zèle de leurs administrés et les exhorter à pavoiser leurs maisons. Chacune de ces affiches porte une phrase aimable pour le Président et pour le voyage qu'il vient de faire en Russie.

Les villes qui se sont surtout le plus particulièrement distinguées sont : Nancy, Le Havre que nous reproduisons avec plaisir.

En Russie des colonnes qui ressemblent à nos colonnes Morris et que l'on n'avait jamais vues à Pétersbourg ont été improvisées fort adroitement, et installées devant la statue de Nicolas Ier, sur la place Saint-Isaac. Elles sont exclusivement couvertes de lithographies russes coloriées représentant le Président en habit noir avec les insignes de la Légion d'honneur. Autour des portraits, un texte russe donne le détail du voyage et le programme des trois journées.

Le musée Grévin, à l'occasion du voyage du Président, a fait apposer sur les murs de Paris la belle affiche de Chéret « *Moscou* » le jour du couronnement et une autre en lettres dessinées rouges sur fond jaune : *Le Couronnement du Tsar*.

TABLE DES MATIÈRES

TABLE DES ILLUSTRATIONS

PORTRAIT DU PRÉSIDENT DE LA RÉPUBLIQUE
par *H. Munich.*

PORTRAIT DE L'EMPEREUR DE RUSSIE
par *H. Munich.*

ACHEVÉ D'IMPRIMER

Le 10 Septembre 1897

Sur les presses de H. JOUVE, Imprimeur-Éditeur.

15, rue Racine. — Paris.

IMPRIMERIE A. GAUTHERIN
131, rue de Vaugirard
PARIS

w.ingramcontent.com/pod-product-compliance
htning Source LLC
mbersburg PA
HW070416090426
733CB00009B/1698